W.G. Gotthardi

Weimarische Theaterbilder aus Goethe's Zeit

Überliefertes und Selbsterlebtes

W.G. Gotthardi

Weimarische Theaterbilder aus Goethe's Zeit
Überliefertes und Selbsterlebtes

ISBN/EAN: 9783741101021

Hergestellt in Europa, USA, Kanada, Australien, Japan

Cover: Foto ©Andreas Hilbeck / pixelio.de

Manufactured and distributed by brebook publishing software (www.brebook.com)

W.G. Gotthardi

Weimarische Theaterbilder aus Goethe's Zeit

Weimarische Theaterbilder

aus Goethe's Zeit.

Ueberliefertes und Selbsterlebtes.

Von

W. G. Gotthardt.

Und wir erinnern uns in späten Jahren
Mit Dank und Freude dieser schönen Zeit.
Goethe.

Das Recht der Uebersetzung in fremde Sprachen behält sich der Verfasser vor.

Erster Band.

Jena und Leipzig,
Hermann Costenoble.
1865.

Vorwort.

Man suche, will man sich nicht der Gefahr des Enttäuschtwerdens aussetzen, auf nachstehenden Blättern nicht mehr und nichts Anderes, als was ihre Ueberschrift verspricht: einige bescheidene Bilder (richtiger vielleicht: Bildchen, skizzirte Zeichnungen) aus der großen Goethe-Zeit der Weimarischen Bühne, nicht aber ein zusammenhängendes, breit ausgespanntes Tableau. Zu kleineren oder größeren Gruppen das Gegebene vereinend, oder einzelne Persönlichkeiten, künstlerische Zustände, Leistungen u. s. w., auch klar ausgesprochene Goethe'sche, auf seine Theaterleitung sich beziehende Grundsätze und dergleichen vorführend und in's Gedächtniß rufend, möchte das Büchlein zum Verständniß und zur rechten Würdigung jener großen Kunstära seinen Beitrag liefern.

Was dem Verfasser die erste und nächste Veranlaſſung zur Herausgabe dieſer Blätter gab, wird ſogleich das erſte Kapitel melden.

Uebrigens wird der ſinnige Leſer unſchwer entdecken, daß mit dem Dargebotenen es nicht auf bloße Unterhaltung abgeſehen iſt, ſondern daß auch etwas Höheres und Tieferes zum Grunde liegt: ſtillberedte Hinweiſungen auf das, was in ſo mancher Beziehung heutzutage noth thut, wovon man in unſerer Zeit häufig genug ſo wenig weiß und wiſſen will. Es wird nicht einmal erforderlich ſein, zwiſchen den Zeilen zu leſen; die beigebrachten Thatſachen ſprechen durch ſich ſelbſt.

Schließlich nur noch die Verſicherung, daß in den vorliegenden anſpruchloſen Umriſſen zum größten Theile Selbſterlebtes und Geſchauetes anzutreffen iſt. Das Uebrige aber, was nicht in dieſe Kategorie gehört, beruht — dieſe Verſicherung darf der Verfaſſer ebenfalls geben — auf der Grundlage glaubwürdigſter ſchriftlicher Aufzeichnungen und verbürgter mündlicher Ueberlieferung.

Das eingeflochtene, oder vielmehr vorausgeſchickte kleine Stück Kindheitsgeſchichte des Aufzeichners wolle man nachſichtsvoll auf- und mit hinnehmen.

Der Verfaſſer.

Inhaltsverzeichniss.

		Seite
1.	Auf der Brühl'schen Terrasse	9
2.	Des Verfassers erste Bekanntschaft mit dem Weimarischen Theater. Seine Jugendbekanntschaft mit Goethe	18
3.	Das Herzogliche Liebhabertheater. Das neue Hoftheater	42
4.	Einiges über die Weimarische Theaterschule. — Einzelne von Goethe's eigenen Aussprüchen über seine Bühnenleitung	56
5.	Goethe in den Theaterproben. — Derselbe als Jupiter fulminans	82
6.	Wie Goethe die Bühnenkräfte verwendete. Das Zusammenspiel	102
7.	Aus den Wanderjahren des Weimarischen Theaters (Lauchstädt und Halle)	114
8.	Goethe's Theatergesetze und Schauspieler-Regeln	158
9.	Das Repertoir	175
10.	Das Theaterpublikum eine Familie. — Kunstrichteramt desselben	196

1.
Auf der Brühl'schen Terrasse.

Mir war ein Lied erklungen
Mit holder Melodei;
Obschon es längst verklungen,
Schwebt's neu mir hier vorbei.
   Ungenannter.

O, Weimar, Dir fiel ein besonder Loos!
Wie Bethlehem in Juda, klein und groß.
   Goethe.

„Wie glücklich preise ich, ja, wie beneide ich Sie, daß Sie aus Weimar und in Weimar sind!" — Mit diesen Worten wendete sich die eben so fein gebildete als wunderhübsche Frau eines angenehmen jungen Mannes, eines Literaten, dessen Bekanntschaft ich vor einigen Tagen in Tharand gemacht hatte, zu mir, als ich an einem prachtvollen Sommerabend des Jahres 1829 mit diesen beiden liebenswürdigen Menschen vor dem Belvedere der

Brühl'schen Terrasse in Dresden, in traulichem Gespräch begriffen, saß. Es war dies Belvedere noch das alte, schlichte, einfache, zwar um Vieles unansehnlichere, aber auch um Vieles gemüthlichere, als das jetzige vornehme und stolze Gebäude, jenes längst verschwundene Breterhaus war's, das auch mein alter Freund Theodor Hell nicht hat vergessen können, wie er mich versicherte. — Auf die wohlwollende Anrede meiner schönen Nachbarin hatte ich die verwundernde Antwort: „Wie? Inmitten dieser Herrlichkeiten, die Sie, die wir hier vor Augen haben; umgeben von den Reizen der Natur, die mit verschwenderischer Hand vom Schöpfer über diese gesegnete Landschaft ausgegossen sind; von diesem in seiner Art einzig schönen Punkte der Schöpfung aus, und, was dazu kommt, hineinversetzt in die Fülle aller Kunstschätze, die das schöne Dresden aufzuweisen hat, und die es zum Mekka der gebildeten Welt gemacht haben — in Ihrem gebenedeieten Elb-Florenz können Sie einen armen, unbedeutenden Kleinstädtler wie mich glücklich preisen, sogar beneiden?!"

„Meine Frau schwärmt allerdings für Weimar, und Sie dürfen immerhin der von ihr gethanen Aeußerung Glauben beimessen," — nahm mein geehrter junger Freund das Wort. „Habe ich doch auch selber," fügte er bei, „Ihre freundliche Stadt liebgewonnen, wo ich im Sommer des Jahres 1823 einige sehr frohe, glückliche Tage verlebte. Von einem dort wohnenden Bekannten in einige gebildete, heiter belebte Kreise eingeführt, habe ich die zuvorkommendste Aufnahme da gefunden, und muß, so weit ich es habe kennen lernen, Ihrem Weimar das Zeugniß einer äußerst gemüthlichen, gastlichen, geistig bedeutenden Stadt ertheilen. Und wen sollten nicht die großen Erinnerungen alle, die dieses kleine Weimar birgt, all' das Merkwürdige, das es vorzuführen hat, wie keine andere Stadt, und das, wenn auch nicht quantitativ, doch qualitativ so schwer in's Gewicht fällt, anziehen und fesseln? Wer sollte nicht gern und mit Vorliebe auf dem Boden wandeln, den man mit Fug und Recht den klassischen Deutschlands nennt, und von dessen Früchten wir ja Alle zehren, noch künftige Geschlechter und Jahrhunderte zehren werden? Sagt ja doch schon Jean Paul: „Zuerst will man in die nächste Stadt, dann nach Weimar, dann nach Italien," und Klinger, wie Sie ebenfalls wissen, brach, als er von Weimar zurückkam, in den Ausruf aus: „Hier sind die Götter, hier ist der Sitz des Großen!" Bekannte doch Ihr Schiller selbst: „Wie viel Treffliches hat nicht Weimar!" Gewiß, auch ich liebe Ihr Ilm=Athen, und würde nicht ungern da wohnen, so wohl mir's in unserem Dresden gefällt. Ungemein bedauert habe ich es, daß mir in der Zeit meines kurzen Weilens daselbst mein Lieblingswunsch, Goethe zu sehen und wo möglich mich ihm vorstellen zu dürfen, unerfüllt blieb. Der Dichterfürst war abwesend; man sagte mir, er habe vor mehreren Tagen eine Reise nach Ma= rienbad angetreten."

„Es war zwar nur ien einziger Tag, den ich in Weimar zubrachte," — führte die Gattin meines neuen Freundes die Unterhaltung weiter, „doch auch schon der Rückblick auf diesen läßt mir Wei= mar im günstigsten Licht erscheinen Mit meinen Eltern und einer jüngeren Schwester hatte ich, da= mals ein achtzehnjähriges Mädchen, eine Reise in die Schweiz angetreten. Wir sahen uns indeß genöthigt, unsern Aufenthalt dort abzukürzen, in= dem eine an uns gelangte Benachrichtigung wegen gewisser Familienverhältnisse unsere Heimkehr be= schleunigte. In Weimar rasteten wir, wie gesagt, einen Tag, und hatten nur eben Zeit, uns flüchtig dort umzusehen und die hauptsächlichsten Erinne= rungsplätze dieses so denkwürdigen Orts aufzu= suchen. Abends waren wir im Theater, und so glücklich, einer Aufführung von Schiller's Maria Stuart beizuwohnen. Sie glauben nicht, mit welchem Wohlgefallen, mit welch' freudiger Spannung ich dieser Vorstellung, die ganz vortrefflich, die ausgezeichnet genannt werden mußte, gefolgt bin. Gebührte auch der Jagemann als Maria der Preis des Abends — denn eine in jeder Rücksicht so vollkommene Repräsentantin dieser Rolle war mir noch nicht vorgekommen — so waren doch auch die allermeisten der übrigen Darsteller so ganz an ihrem Platz und erzielten ein so vollständiges Ensemble, daß wir, die Meinigen und ich, uns mehr als befriedigt fühlten. Ich mußte da natürlich an die große Epoche des deutschen Theaters denken, die von Weimar ihren Ausgangspunkt genommen, und sah noch immer glänzende Spuren derselben vor mir. Es war mir eine erhebende Empfindung, in demselben Hause mich zu befinden, in welchem die dramatischen Hauptwerke unserer großen Dichter zuerst zur Aufführung kamen, und von wo sie ausgegangen sind in die Welt als Lehrer und Bildner der Nation. Der Eindruck, den ich aus diesen Räumen mitnahm, wird ein in mir unverlöschlicher sein. — Goethe habe ich leider weder in, noch außer dem Theater zu Gesicht bekommen."

„Auch unser Theater hier" — setzte sie dann hinzu, „empfing ein lebendiges Stück Ihrer großen Bühnenzeit in Unzelmann, den wir freilich nur auf einige Jahre besitzen sollten. Ein Komiker von dieser Vortrefflichkeit ist mir nicht wieder vorgekommen. Unser König Friedrich August war ihm in so hohem Grade gewogen, daß er das Theater nur dann gern besuchte, wenn Unzelmann spielte, und mehr als einmal ist auf seinen Befehl das Repertoir abgeändert worden, um eine Vorstellung anzusetzen, worin dieser Schauspieler beschäftigt war."

Dem liebenswürdigen Drängen der artigen Frau, aus meinen eigenen Anschauungen der großen Weimar-Zeit, die ich noch mit gesehen, vor Allem von dem Theaterleben und den theatralischen Zuständen jener hochwichtigen Periode, wo Goethe der Bühnenleitung vorstand, dies und jenes mitzutheilen, konnte ich nicht wohl ausweichen, und so versuchte ich's denn, so gut ich es im Stande war, ihr ein kleines, zusammengedrängtes, en miniature gezeichnetes Bild, oder vielmehr einzelne, abgerissene Züge meiner Künstlererlebnisse zu entwerfen. Sie folgte mir mit Aufmerksamkeit, und auch an ihrem Gemahl hatte ich einen theilnehmenden Zuhörer. Vieles Vergnügen schien Bei=

den auch die miteingewebte kleine Erzählung meiner Jugendbekanntschaft mit Goethe, die im Theater zu Weimar sich angeknüpft hatte, zu bereiten.

So verfloß der noch übrige Theil des Abends, und schneller, als ich gedacht.

„Sie sollten diese Ihre Erlebnisse, die so viel Bemerkenswerthes enthalten, aufgezeichnet haben oder noch aufzeichnen, um auch in weiteren Kreisen sie bekannt werden zu lassen!" gab, als ich geendet hatte, die aufmerkende Hörerin mir zu erwägen, und ihr Gatte stimmte bei. Auf meinen Einwurf, wie unbedeutend und geringfügig doch zuletzt diese Mittheilungen seien, erwiderte er mir: „Nichts ist unbedeutend und geringfügig, nichts verachtenswerth, was aus jener Zeit herrührt und sie berührt; Alles, auch das, was auf den ersten Anblick sich unscheinbar ausnimmt, ist eine Reliquie goldener Tage, und Jeder, der sein, wenn auch ein kleinstes Scherflein darbringen kann, um zur genaueren Kenntniß und zu eingehenderem Verständniß derselben mit beitragen zu helfen, sollte dies zu thun nicht unterlassen, ja, noch mehr: er sollte sich eine Pflicht daraus machen!"

Ich dachte über diese Worte nach und sagte nach einigem Besinnen halb und halb zu.

Beim Abschied von diesen Wackeren, von denen

ich mich am nächsten Morgen trennen mußte, mahnten sie mich noch einmal liebevoll an die ihnen gegebene vorläufige Zusage, und ich versprach, wenn irgend thunlich, Wort zu halten.

Ich hatte es nicht gehalten. — Mehrere Jahrzehnte sind darüber hingegangen. Ich bin unterdeß alt und grau geworden. Gar vieles Andere kam dazwischen und verdrängte den durch meine einstigen Dresdener Bekannten und lieben Freunde mir nahegelegten Gedanken an die Ausführung eines Vorhabens, wie sie es im Sinne hatten.

Jetzt, am Abend meines Lebens, in Stunden stiller Einsamkeit, friedlicher Ruhe und Muße, die nach vielbewegten, oft stürmischen Tagen von der Vorsehung mir gegönnt sind, dämmert die Erinnerung an jenen traulichen Abend und das zuletzt gepflogene Gespräch auf der Brühl'schen Terrasse in meiner Seele wieder auf, und indem ich die Worte meiner Freunde mir in's Gedächtniß zurückrufe: „Nichts ist unbedeutend und geringfügig, nichts verachtenswerth, was aus jener Zeit herrührt und sie berührt," fällt mir auch mein ben einst so Theilnehmenden, die Beide seit Jahren schon der Rasen deckt, gegebenes Versprechen wieder ein, aus meinen alten Erinnerungen Einiges niederzuschreiben und es an die Oeffentlichkeit gelangen zu lassen.

In den nachstehenden Blättern wird man den Versuch solcher kleinen Aufzeichnungen finden.

Habe ich damit etwas Unnützes unternommen, so mögen Die es noch in der Ewigkeit mit verantworten, die dazu gerathen haben!

Und doch sind diese Erinnerungen mir süße, köstliche! — Mir kam das schöne Wort von Wilhelm Raabe (Jacob Corvinus) zu Sinn: „Die Erinnerung ist das Gewinde, welches die Wiege mit dem Grabe verknüpft. Niemals wird's hier und da an einer hervorleuchtenden Blume fehlen, bei welcher wir verweilen und flüstern können: „„Wie lieblich und heilig ist diese Stätte!““

Ich verstehe ihn, indem ich an diesen wenigen Gedenkblättern schreibe. —

2.

Des Verfassers erste Bekanntschaft mit dem Weimarischen Theater. — Seine Jugendbekanntschaft mit Goethe.

Die Mysterien dieses Hauses
Sollen bald sich mir enthüllen.
Ungenannter.

Er wird mit ihnen Kind, und theilt
ihr frohes Spiel. *Wieland.*

Daß ich ein Weimaraner bin, wird man aus dem ersten Kapitel ersehen haben; daß einst eine hübsche Frau mich deshalb glücklich gepriesen, habe ich euch in dem Vorstehenden auch nicht verschwiegen. Widerfuhr das doch auch dem Leipziger Lobe vor einer Reihe von Jahren, als er noch in seiner Vaterstadt Weimar wohnte, von Seiten Zelter's in Berlin, dem er bei seiner dortigen Anwesenheit einen Besuch abstattete; rief doch auch dieser, mit dem kredenzenden Glas in der Hand, dem damals noch jugendlichen Manne zu: „Ich beneide jeden Weimaraner. Goethe soll leben!" (Man kann es bei Lobe in seinem Buche: „Aus dem Leben eines Musikers" gedruckt lesen.)

Ohne mich meiner selbst auch nur im entferntesten überheben zu wollen, glaube ich doch behaupten zu können, daß uns alten noch Uebriggebliebenen (die Reihen fangen an sich verzweifelt zu lichten!) eine Art Berechtigung zur Seite steht, mit einem gewissen Hoch- und Frohgefühl in eine an uns vorübergegangene merkwürdige Periode zurückzublicken, wie sie so nur einmal in unserem deutschen Kultur- und Kunstleben dagewesen und wie sie so leicht nicht wiederkehren dürfte.

Wie das nun freilich im Menschenleben zu gehen pflegt: Ohne meinen Landsleuten, resp. Stadtgenossen, folgeweise auch mir selbst, der ich mitten unter ihnen mich befunden habe, nur im mindesten nahe treten zu wollen, glaube ich doch, daß wir „beneidenswerthen Weimaraner" von sonst nicht allesammt jene große Zeit so vollständig zu würdigen und zu benutzen gewußt haben mögen, als es der Natur der Sache nach hätte geschehen sollen und können. Wir waren eben so ganz im vollen Zug und in der Strömung jener Tage darin,

2*

daß wir uns in größter Behäbigkeit davon mit fortführen ließen; wir fühlten uns von ihrem erquickenden Frühlingsodem zwar wohlthuend angeweht, meinten aber: es müsse so und könne gar nicht anders sein; — kurz, es wiederholte sich, wenn mich nicht Alles in der Irre herumführt, an uns der alte Erfahrungssatz: daß, wer im behaglichen Schooß des Glückes sitzt, zur reinen, selbstbewußten Erkenntniß desselben gewöhnlich nicht gelangt, diese lichte Erkenntniß vielmehr erst dann in ihm aufgeht, wenn das gewohnte Glück ihm unvermerkt entschwunden ist. — Mache einer die Menschennatur anders, als sie ist!

Das hier Gesagte möchte ich denn speciell von den Jahren der Weimarischen Theaterzustände jener großen Epoche verstanden wissen, welche durch den vornehmsten Heros unserer klassischen Zeit, durch Goethe in's Leben gerufen worden sind. Denn ihnen sollen diese mehr oder minder aphoristischen Darlegungen und Besprechungen ganz ausdrücklich gelten.

Wenn der Altmeister Goethe selbst von den beregten Zuständen der Weimarischen Bühne gegen

Eckermann, der in einem seiner Gespräche mit ihm *) zu Goethe sagte: "Aeltere Personen, die jene Zeit erlebt haben, können mir nicht genug rühmen, auf welcher Höhe das Weimarische Theater damals gestanden," — die Aussage that: "Ich will nicht leugnen — es war etwas!" so mögen wir das ihm getrost nachsprechen. Denn wir fühlen's, wir wissen's, daß wir's können. Und hätten wir früher es nicht immer ganz gefühlt und gewußt, — jetzt, und wahrscheinlich seit lange schon, ist uns das Verständniß davon aufgegangen.

Zwar, wenn man einzelne und mehrere Stimmen aus der Gegenwart heraus vernimmt, die sich über das Einst — von dem sie nur gehört haben — im Vergleich zu dem Jetzt mit oft recht großer Bestimmtheit und Zuverlässigkeit verbreiten, so sieht es mit dem Sonst gar nicht so besonders aus und in ihren Augen sinkt die Wagschaale zum Vortheil ihrer Zeit. Kommt die Rede auf das Theater und wir lassen uns beigehen, über die Vergangenheit desselben mit einigem Feuer uns auszulassen, so werfen uns diese guten Leute mit vornehmer Miene einen mitleidig lächelnden

---

*) III. B. S. 65.

und belächelnden Blick zu, der da sagen will: Bildet euch, ihr Enthusiasten und Phantasten auf der einen, ihr unzufriedenen Murrköpfe und Rigoristen auf der andern Seite, doch nicht so viel ein! Wir wissen's besser, und die Zeit schreitet fort.

Wollte Gott, ihr hättet Recht! Ich wollte dann gern die Bogen, die ich mir zum Niederschreiben meiner alten Erinnerungen zurecht gelegt habe, in's Feuer werfen. — Sie mögen denn doch aber noch ein bischen leben, so kurz ihr Leben sein wird.

———

Kurz nach Iffland's Tode (22. September 1814) schrieb, bezeichnend genug, Zelter an Goethe (unterm 8. November 1815): „Mit der Erziehung von Schauspielern sieht es hier etwas windig aus, auch wüßte ich in der That nicht, von wem sie etwas lernen sollten." Und wenn Goethe auf ein Urtheil seines Freundes über die Berliner Aufführung des Clavigo im Jahre 1816 zu bemerken hatte: „Es mag freilich bei Euch wunderlich aussehen, wenn man über so ein nacktes und herkömmliches Stück wie Clavigo nicht Herr werden kann," so giebt das doch wohl mancherlei zu

denken, und läßt von Berlin aus ganz unwillkür=
lich den Blick etwas weiter in's Reich hinaus=
schweifen.

Es liegt mir fern und maße ich mir nicht an, mich in einer gelehrten und weitschichtigen Aus= einandersetzung der Goethe'schen Theaterleitung zu ergehen. Wie im Vorwort erwähnt: nur einige kleine Bilder aus der Goethe'schen Zeit beabsich= tige ich, wie in einer Laterna magica, an dem geistigen Auge meiner Leser vorüberziehen zu lassen, bald langsamer und bedächtiger, bald be= hender und eiliger, wie es sich fügt und wie es kommt, zufrieden, wenn man sie eines flüchtigen Blickes würdigen sollte.

Allgemeines und Einzelnes, Größeres und Kleineres, Wichtigeres und Unwichtigeres ist es also, was man auf diesen anspruchlosen Blättern antreffen wird.

So lassen Sie mich denn, wohlwollende Leser, mit dem letzteren, dem Unwichtigeren beginnen, und zwar mit dem, was die Ueberschrift dieses zweiten Kapitels ankündigt und ohne Frage das Allerunwichtigste ist: mit der ersten Bekanntschaft, in die ich mit der Weimarischen Bühne und dem Theaterleben überhaupt getreten bin.

Obschon ein geborener Weimaraner, verlebte ich doch, aus Ursachen, deren Aufzählung jedem Dritten höchst gleichgiltig sein kann, einen Theil meiner Kindheit auf dem Lande, in einem Dörfchen, wo mein Vater ein kleines Oekonomiegut besaß, dessen Verwaltung er selbst übernahm, weshalb er die Stadt mit dem Dorfe vertauschte. Im Verlauf mehrerer Jahre änderten sich die Verhältnisse und meine Eltern nahmen ihren Aufenthalt wieder in der Stadt.

Ich hatte mein siebentes Lebensjahr zurückgelegt, als unsere Uebersiedelung nach Weimar erfolgte. — Meine ästhetisch-künstlerische Bildung war auf dem Dorfe etwas vernachlässigt worden; meine wissenschaftlich-gelehrte betrieb ich mit nicht übergroßer Begeisterung. Am liebsten und angelegentlichsten gab ich mich mit den Naturwissenschaften ab, und machte darin so frühe und rasche Fortschritte, daß ich schon in meinem dritten Jahre jede Taube kannte, die uns gehörte, oder die aus einem fremden Schlage zu uns herübergeflogen war.

In meiner Geburtsstadt traten die Wissenschaften näher und mit ernsterer Miene an mich heran; die ästhetischen Kunststudien betrieb ich sofort praktisch, oder ließ sie vielmehr also mit mir treiben. — Die Schaubühne war es, welche diese Sendung übernahm.

Freudig-unruhig und bewegt fühlte ich mein junges Herz in mir schlagen, als der Tag, und nun erst dieses Tages ersehnter Abend herannahete, der mich zum ersten Mal in die mir noch völlig unbekannten Kunsthallen des Theaters einführen sollte.

An der Hand meiner Mutter, die mir viel zu langsam ging, wanderte ich, als es halb sechs Uhr geschlagen hatte, großer, froher Erwartungen voll, hin nach dem Theatergebäude. Sein Aeußeres machte nicht den grandiosen Eindruck auf mich, den ich mir davon versprochen hatte; ich meinte, es müsse wenigstens so groß sein, wie das Weimarische Residenzschloß, und noch viel, viel schöner, fand es jedoch nicht viel besser aussehend, als unser Gutshaus oder die Pfarrei in unserem Dorfe, nur daß es länger war, wenn auch nicht viel. Es war ein auf einem freundlichen und geräumigen Platze auf dem höheren Theile der Stadt, dem Witthums-Palais der Herzogin Anna Amalia gegenüber und Wieland's Wohnung ganz nahe gelegenes, alleinstehendes, ganz hübsch hohes, einstöckiges Haus mit einer Reihe breiter, in kleine längliche Scheiben getheilter Fenster, ähnlich unseren Kirchenfenstern in G. — Auch nicht das einfachste Emblem verrieth seine eigentliche Bestimmung. Bei Betrachtung der Außenseite, die ohnedies schnell übersehen war, hielt ich mich indeß nicht lange auf, da meine brennende Neubegier natürlich weit mehr auf das Innere des schmucklosen Kunsttempels gerichtet war.

Wir traten ein; und da neben und mit uns noch viele andere, mir fremde Menschen mit eintraten, so hielt ich mich um so fester an die Hand der Mutter, weil ich fürchtete, daß sie — mein Schutz unter der Menge — mir abhanden kommen und ich auf ewig von ihr gerissen werden könne. Ungetrennt gelangten wir, nachdem meine Führerin die gelösten Einlaßkarten (Kinder zahlten die Hälfte des Entrée's) an den Billeteur abgegeben, und er uns groß und breit die Eingangsthür geöffnet hatte, zu unseren Plätzen. Gleich darauf zündete der Kapelldiener die Lichter an den Orchesterpulten an; es war ordentlich, als ob er nur auf unsere Ankunft gewartet hätte.

Meine kühnsten Träume von den Herrlichkeiten, die ich nun zu sehen bekommen würde, wurden übertroffen; denn nur um einige Grad schöner und brillanter, als den Tanzsaal meines Dorfes hatte ich mir den Theatersaal meiner Vaterstadt gedacht. Und er und seine Umgebung brachten mich auf einmal in den Bereich des Feenglanzes derjenigen Schlösser, welche mir dieses und jenes gehörte Märchen aus Tausend und Eine Nacht vor die Seele geführt hatte.

Dieses alte Weimarische Theater steht längst nicht mehr. Allein vor meinem Geist steht noch lebendig das Bild desselben in ursprünglicher Frische, und wäre ich mit dem Talent des Zeichnens begabt, es sollte mir nicht schwer werden, dem Leser dieses Bild recht anschaulich zu machen.

Die innere Gestalt, in welcher das Haus sich mir präsentirte, war diejenige, welche ihm im Jahr 1798 der Baumeister Thouret aus Stuttgart verliehen hatte, derselbe, der nach Weimar berufen worden war, um den neuen Schloßbau weiter zu fördern.

Die Größe der Räume mochte der früheren numerisch um mehrere Tausende geringeren Einwohnerzahl Weimar's ganz angemessen sein. Der Eindruck, den dieselben machten, war der des im höchsten

Grabe Gemüthlichen, Freundlichen, Traulichen, Anheimelnden. Der Zuschauerraum hatte eine hübsche Höhe; Breite und Tiefe reichten ziemlich aus. Zwei Gallerien liefen um den oberen Theil des Saales; die untere („Balkon") für die Elite der Gesellschaft bestimmt, in der Mitte die herzogliche Loge enthaltend; die obere, wie alle oberen Theatergallerien, der geringeren Volksklasse zugetheilt. Das Parterre war durch einen nicht zu schmalen Zwischenraum in eine rechte und linke Reihe geschieden, theilte indeß nicht die Eigenschaft, oder, wenn man lieber will, das Vorrecht des Balkons, in eine „abelige" und „bürgerliche" Seite zu zerfallen. Jedem, der seine acht guten Groschen zahlte, stand die beliebige Wahl zwischen rechts und links darin frei. Jene erwähnte und zwar sonst strenge Geschiedenheit des abeligen und bürgerlichen Balkons hätte man unter dem Regimente eines so liberalen, von verknöchertem Aristokratismus gänzlich freien Fürsten, wie Karl August war, kaum für möglich halten sollen; und doch verhielt sich's in Wahrheit so. Die Logenreihe beschränkte sich — die zwei Logen auf beiden Seiten des Balkons über der Bühne ausgenommen*)

---

*) Seine Prosceniumsloge wählte Karl August sich ausschließlich auf der nichtabeligen Balkonseite.

— lediglich auf die der Bühne gegenüberliegende Seite des Parterre, und unter diesen geringzähligen Parterrelogen befand sich auch die Goethe'sche. Die Seitenabtheilungen des Parterre, von den mit rothem Tuch beschlagenen Sitzen desselben durch höchst einfache, viereckige, hölzerne Träger getrennt, gaben Stehplätze ab. Den Balkon schmückte, als Stütze für die Gallerie, auf beiden Seiten eine prächtige, reich vergoldete Säulenreihe, dieselbe, von welcher Schiller im Prolog zu Wallenstein's Lager sagt:

> Und ein harmonisch hoher Geist spricht uns
> Aus dieser edlen Säulenordnung an,
> Und regt den Geist zu festlichen Gefühlen.

Von einem kunstvollen Anstrich des Saals, oder von Plafondverzierungen, Wand- und Deckengemälden und dergleichen, wie sie die heutigen luxuriösen Theater haben, keine Rede. Auf graue Wasserfarbe angebrachte schwarze, marmorartig aussehende Tupfen bildeten den Gesammtanstrich des Hauses. Die Beleuchtung desselben, bestehend aus Oellampen und Unschlittlichtern, die durch blecherne Halbschirme geschützt waren, konnte als völlig genügend gelten und verbreitete sich wohlthätig bis in die entferntesten Ecken und Winkel.

Den Kronleuchter hätte man für jene schlichten Zeiten wohl ein Prachtstück nennen können. Die reiche Fülle der größeren und kleineren länglich geschliffenen, pittoresk herabhängenden Glasstücke, woraus er zusammengesetzt war, flimmerte und glitzerte wie Diamanten.

Die Bühne selbst besaß eine verhältnißmäßige Höhe und Breite, und nicht unbeträchtliche Tiefe, und gab sich als ein von allen Richtungen aus leicht und bequem überschaubares Ganzes kund.

In meinem Referat über die erste Bekanntschaft, die ich mit dem Theater meiner Vaterstadt machte, fortfahrend, thue ich fernerhin dahin Meldung, daß die heitere Muse Thalia sich die Bevorzugte, die Begünstigte nennen konnte, die mir das Freudenreich der dramatischen Darstellungen erschließen durfte.

Nachdem ich mir die Raritäten mit aller Muße betrachtet hatte, und mich noch immer nicht satt schauen konnte, weckte mich plötzlich auf eine nahezu gewaltsame Weise aus meinen stillen Betrachtungen und halben Träumereien ein so starkes und dröhnendes Pochen, das von einem der=

ben Stocke ausgehen mußte, daß ich erschrocken auffuhr, nicht wissend, was dieser grelle und Alles umher zum Schweigen bringende Lärm zu bedeuten habe. Lange indeß sollte ich darüber nicht in Ungewißheit bleiben. Die vielen geputzten Menschen alle, die vor dem Eintreten des ominösen, unheimlichen Pochens theils stehend, theils sitzend leiser und hörbarer mit einander geplaudert hatten, wendeten, mit einem Mal zum Schweigen gebracht, ihre Köpfe auf einen und denselben Punkt, nämlich nach der großen Loge, die sich über mir befand. Kaum war der kräftige Schall verhallt, der sich in drei Absätzen hatte vernehmen lassen, als die Musikmacher da vorn alle auf einmal lustig aufzuspielen begannen, nachdem ihr Dirigent ihnen durch ein schwaches, bei der Stille aber, die nun im ganzen großen Hause herrschte, leicht vernehmbares Klopfen auf sein Pult, vermittelst eines großen zusammengerollten Notenblattes, das er wie einen Feldherrnstab in der Hand hielt, das Zeichen zum Anfangen gegeben hatte.

Musik hatte ich schon genug in meinem Leben gehört, und zu unseren Dorfkirmsen ganz ähnliche Tanzmusik, wie die war, welche die geigenden und blasenden Stadtherren anstimmten. An ihren Künsten also lag mir vor der Hand erstaunlich

wenig, obwohl ich sie nicht geradezu verschmähete.
— Ein Stück, das sie unter mehreren vortrugen,
reizte und spannte denn doch meine Aufmerksam=
keit. Es war eine Tanzmelodie, die ich zu wie=
derholten Malen in G., unserem Dorfe, zum
Kirchweihfest gehört, und mich seiner munteren
Rhythmen wegen daran königlich erfreut hatte.
Ja, es war wirklich ganz derselbe Dreher oder
Länderer (wie ich hinterdrein erfuhr, von dem
berühmten Hummel komponirt, welchen Mann
sie aber an jenem Abend in Weimar noch nicht
hatten, ihn vielmehr erst eines schönen Tags im
Jahr 1819 zum Kapellmeister bekommen sollten),
nur daß es mir vorkommen wollte, als nähme
er sich heute um Vieles besser und harmonischer
aus, als ich ihn in G. gehört zu haben glaubte,
dessen wohlbestellter Musikerchor mir doch als un=
übertrefflich, ja als das in seiner Art geradezu
Höchste erschienen war. Mich nahm es nur
Wunder, daß bei diesem anfeuernden Tanz, nach
welchem sonst doch regelmäßig und unaufgefordert
die G.'schen Bursche und Mädchen walzend sich
im Kreise auf dem Dorfplan herumdreheten, das
ganze Weimarische Auditorium so ruhig auf seinen
Sitzen blieb. War mir's doch in dem Augenblick,
als müsse Alles sich jauchzend erheben, Männer

und Frauen sich anfassen und auf dem großen
Saale nach dem Takte tanzen. Das wäre noch
eine Komödie in der Komödie gewesen! Kam es
doch auch mir kleinem Kerl in die Füße, und
hätte ich doch gern das erste beste der mehreren
kleinen Mädchen, die ich vor und neben mir er=
blickte, an die Hand genommen und sie mit herum=
geschwenkt. — Ich hatte nur nicht bedacht, daß
zuvor sämmtliche Bänke hätten beseitigt werden
müssen! —

Um die Geduld meiner Leser nicht länger auf
die Probe zu stellen, will ich ihnen nur anver=
trauen, daß dasjenige Theaterstück, das ich an
gedachtem Abend zu sehen bekam, sich „Rochus
Pumpernickel" nannte. Die aus der Generation
jener Tage noch übrigen theaterfreundlichen Wei=
maraner werden sich dieses komisch=burlesken
Stückes wohl noch zu entsinnen wissen. Es ist
von burleskeren, aber nicht komischeren verdrängt
worden. Daß mir, wie es unzweifelhaft anderen
Kindern meines Alters auch gegangen sein wird,
die Geschichte, die vor meinen Augen da oben ab=
gehandelt wurde, den immensesten Spaß machte, mich
in einen wahren Freudenrausch, in einen Tau=
mel des Entzückens versetzte, kann man sich
denken.

Zu allem Guten, was ich während dieser zwei oder drei Stunden sah und hörte, gesellte sich noch ein günstiger Umstand, der mir das Mittel wurde, das Gute und Schöne des heiteren Abends so recht ungestört und con amore zu genießen. Inmaßen ich nur noch eine Sedezausgabe von Menschen und über die Köpfe der vielen Größeren vor mir hinwegzusehen, mit beträchtlichen Schwierigkeiten für mich verbunden war, so traf meine vorsorgliche Mutter, die ihren Platz auf der letzten Parterrebank genommen, den Ausweg, mich auf die Brüstung einer der hinter ihrem Sitz sich befindenden Logen zu heben, mit dem Bedeuten, mich einstweilen auf dieser Erhöhung niederzulassen und mir von da aus die Menschen und die Sachen ungestört anzusehen. Dabei hatte sie mir aber zugleich eingeschärft, mich, wenn ich einen großen, stattlichen Mann, dem die Loge gehöre, in selbige eintreten sähe, recht knapp an die Seite zu drücken oder herunter auf die Bank zu lassen, wo sie — die Mutter — säße. Mir war die Weisung mit dem Schmiegen und Michherablassen zwar nicht ganz recht, ich versprach inzwischen im gegebenen Fall pünktlich zu gehorchen. Ich kam jedoch in keine der beiden in Aussicht stehenden Verlegenheiten; denn der angedrohete Mann stellte sich nicht ein, seine Loge blieb vom Anfang bis zu Ende der Aufführung leer, und ich in unangefochtenem Besitz meiner hohen, bequemen Warte, ja, ich verspürte — so verwegen und übermüthig war ich einst so schüchterner und blöder Dorfjunge in der Stadt, vielleicht auch durch sie, schon geworden — eine Art Kitzel in mir, während der Zwischenakte, als der Eigenthümer dieses kleinen, netten, hübsch erleuchteten Stübchens sich immer noch nicht sehen lassen wollte, mich mit einem entschlossenen Satz und Sprung in die Tiefe desselben hinabzuschwingen, um mich darin recht gründlich umzusehen. Schließlich hielt ich doch an mich und für besser, meine knabenhaftübermüthige Neugierde mannhaft-ernst zu bezähmen.

Wie aber Jemand eine so schöne Loge haben und nicht in den göttlichen Rochus Pumpernickel gehen könne, das war mir rein unbegreiflich!

Wer der mir in Aussicht gestellte, aber nicht erschienene Mann war, werden meine Leser in der nächsten Zeile des Näheren erfahren. —

Es war Goethe's Loge, auf deren Rand meine Mutter — zu ihres Leibessprossen Gunsten offenbar etwas eigenmächtig verfügend — mich placirt hatte.

Dieser weltberühmte Mann war für mich jener Zeit noch keine persona illustris, sollte mir aber bald eine persona grata werden. — Offen gestanden, hatte ich mich eben so wenig gemüßigt gesehen, auch von den übrigen großen Dichtergeistern Weimar's specielle Notiz zu nehmen. In unserem Hause wurde indeß von ihnen, namentlich von diesem Goethe, so viel gesprochen, daß ich recht wohl herausfühlte, wie der Mann sammt seinen anderen Weimarischen Kollegen denn doch wohl etwas mehr und Größeres zu bedeuten haben müsse, als viele andere Menschen außer- und innerhalb Weimar's, mich mit eingeschlossen.

Ein glückliches Ohngefähr wollte es, daß ich die persönliche Bekanntschaft dieses Goethe zu machen gewürdigt wurde.

Ja, nicht blos unzähligemal hab' ich ihn gesehen außer und in dem Theater: — er machte mich zu seinem „kleinen Freund," wie er mich zuweilen scherzend nannte. Sie vermittelte sich, diese „Freundschaft," als ich eines schönen Abends in eben demselben Theater, wo ich außer dem Rochus

Pumpernickel noch manche andere heitere und ernste Stücke aufführen sah, und von derselben breiten einfach breternen Brüstung der Loge des alten Herrn, auf welcher ich in der erstgenannten Posse zum ersten Mal gesessen hatte, wohlgemuth und spannungsvoll auf die Breter da vorn lugte, welche die Welt bedeuten. Es wurde, um diplomatisch zu erzählen, die Salieri'sche Oper „Tarare" (Axur, Text von Beaumarchais) gegeben. Da, als der zweite Akt begonnen hatte, die Jagemann (Astasia) in ihrem großen verzweiflungsvollen Recitativ begriffen war und mir Thränen jammervollen Mitleids über ihr schreckliches Loos abzwang, — da plötzlich knarrt die Logenthür in den Angeln und öffnet sich. Nichts Fataleres hätte mir in diesen wichtigen Augenblicken begegnen können. Fort auf einmal alle meine Ilusion, meine Ruhe hin, mein Herz schwer; ich konnte der Aermsten da oben nicht helfen, erbarmungslos mußte ich sie ihrem tragischen Schicksal überlassen, denn ich bekam es nun mit meinem eigenen, vielleicht noch viel tragischeren, vollauf zu thun. — Goethe trat in die Loge. In so nahen Gesichtskreis war „der Geheimrath" mir noch nie gekommen. Seine Erscheinung hatte stets

etwas Ehrfurchtgebietendes für den Knaben ge=
habt; jetzt überkam mich auch das Gefühl einer
andern Furcht vor dem mächtigen Manne, dem
ich ein Stück Eigenthum unbefugter Weise besetzt
hielt. Goethe erblicken und zitternd zum Sprung
herunter mich anschicken war Eins. — Da er=
faßt meinen Arm eine starke Hand, — die seine;
Entsetzen erfaßt mich. — „Bleib getrost, mein
Sohn, wir Beide haben Raum genug. Wer wird
den Andern ohne Noth verdrängen?" tönt —
noch heute hör' ich sie — alsbald eine volle, ruhige
Stimme mir in's Ohr, — die seine. Ach, wie
weich und mild und schön erklang sie! Ich glaubte
zu träumen. Wohin nun Furcht und Entsetzen?
Und als ich mich jäh umwandte, ruhete sein großes,
dunkles, wundervolles Auge liebreich und warm
auf dem bepurpurten Antlitz des bewegten Kna=
ben. Den Blick werd' ich nie vergessen, nie jene
Worte; keine hab' ich fester behalten, wie sie.
Wie stolz und „vornehm" hatte ich mir den alten
Herrn gedacht, auch da, wo er zuweilen, die Arme
auf dem Rücken, dem Stelzenlauf oder dem Ball=
spiel von uns Knaben auf dem Theaterplatz für
Augenblicke wohlgefällig zuschaute, und nun, —
welch' liebliche Enttäuschung! Ja selbst seine

majestätische, heroengleiche Gestalt im schwarzen Frack erschien mir kleiner, „menschlicher." Mein „Respekt" vor dem Alten war im Sinken; dafür aber begann ich ihn zu lieben. Er reichte mir sein Textbuch zum Mitnachlesen und bald entspann sich eine Unterhaltung, in deren Verlauf er, der große Mensch, dem kleinen seine winzig kleine Lebensgeschichte antheilvoll entlockte. Er war ein Kind mit dem Kinde, — war er es doch mit den Kindern! Wer war glücklicher als der Knabe? Und noch oft nahm er den Platz ein, noch oft in unmittelbarer Nähe des Eigners, der ihn, neben steter freundlicher Ansprache mit Erkundigung nach den Fortschritten in den Schulwissenschaften, auch materiell mit manch' Stücklein Kuchen, hin und wieder auch einem Glas Wein aus seinem Flaschenkorb erquickte. Denn Goethe liebte es, zuweilen einen kleinen Vorrath kalter Speise und Weins in seiner Loge bereit zu halten, mehr für Andere, deren — Einheimische und Fremde von Bedeutung — er nicht selten auch dort empfing.

Lächelt immerhin, ich kann's Euch nicht wehren noch verargen, — lächelt über den seligen Knaben und seine prunklose Erzählung; aber sicher gönnt ihr ihm sein Glück und dem Manne dies „Lied aus der Jugendzeit."

Warum ich in dieser vorausgeschickten kleinen Episode mich ergangen? Nicht aus Eitelkeit, nicht meinetwegen. Sie soll vielmehr, neben der schon in ihr eingehüllt liegenden Beziehung zum Theater (kann sie doch auch ein kleines „Theaterbild" heißen) an ihrem Theile einen Beitrag liefern zur Kennzeichnung des außerordentlichen Mannes, mit welchem sie es zu thun hat, nach jener menschlich-schönen Seite hin, in welcher er vor Tausenden hervorragte: seiner rührenden Liebe zu der Kinderwelt, zu dem jugendlichen Geschlecht, auf welches Niemand hoffnungs- und erwartungsvoller hinblickte, als er.

Das so wahre, beziehungsreiche Wort eines geistvollen Biographen Goethe's, J. W. Schaefer's,*) verdient hier verglichen zu werden, das Wort: „Wie ihm (Goethe) Frauenliebe unentbehrlich war, eben so mächtig war in ihm der Zug zu der Natur und Unschuld der Kinderwelt. Was uns schon Werther erkennen läßt, wiederholt sich

---

*) „Goethe's Leben," 1. B. S. 249.

in Weimar, wo er oft die Spiele der Kinder
theilt und gegen einen hypochondrischen Freund
äußert, der Umgang mit Kindern erhalte ihn
froh und jung."

Das war der „stolze," „vornehme," „kalte"
Goethe!! —

3.
Das Herzogliche Liebhabertheater. Das neue Hoftheater.

> In engen Hütten und in reichem Saal,
> Auf Höhen Ettersburg's, in Tiefurt's Thal
> Im lichten Zelt, auf Teppichen der Pracht,
> Und unter dem Gewölb' der hohen Nacht
> Erscheint ihr, die ihr vielgestaltet seid,
> Im Reitrock bald, und bald im Gallakleid.
>   Goethe.

> Erweitert jetzt ist des Theaters Enge,
> In seinem Raume drängt sich eine Welt.
>   Schiller.

Die geniale, ächt idyllisch=romantisch=chevaleresle Zeit des Herzoglichen Liebhabertheaters in Weimar, das nach dem Schloßbrande 1774, der den Prinzipal Seyler und seine Gesellschaft vertrieben hatte, errichtet worden war und acht Jahre hindurch bestand (1775 bis 1783), hatte in den davon berührten Cirkeln den Geschmack an naturgetreuen, unverkünstelten und gehobenen Darstellungen erfreulichst angeregt und wach erhalten; und daß schon da der junge, das Rechte und Wahre, worauf es ankam, mit scharfem Blick erfassende, mit begeisterungsvoller Energie eingreifende Goethe die Seele, das belebende Princip des Ganzen heißen konnte, ist außer aller Frage. Auch seine thätige Mitwirkung als Darsteller hat er nicht versagt; er spielte tragische und komische Rollen, jene, wie die Sage geht (denn ich selber habe ihn nie darin gesehen), etwas zu gemessen — Böttiger nennt es: „gespannt" — diese aber mit köstlicher Laune.*) Von ihm gingen die für diese Dilettanten-Bühne maßgebend werdenden Grundsätze und treibenden Maximen aus, die er später, in reicherer und umfänglicherer Gestalt und zugleich mit gereifteren Erfahrungen versehen, zur gedeihlichsten Anwendung brachte.

Man weiß, welche Persönlichkeiten und Kräfte sich auf diesem Boden bewegten und ihm die Weihe gaben. Außer und neben Goethe selbst

---

*) Einen sehr gut geschriebenen, gründlichen Aufsatz über das Herzogliche Liebhabertheater und Goethe's Thätigkeit dafür und dabei, von Dr. Alphons Peucer, findet man im Weimar-Album zur vierten Säkularfeier der Buchdruckerkunst (Weimar, 1840,) Seite 55 ff.

trugen als schaffende und darstellende Mitbetheiligte das Ihrige in erster Linie rührigst bei:

Friedrich Hildebrand von Einsiedel (geboren den 30. April 1750 zu Lumpzig bei Altenburg). — Ich habe ihn noch recht gut gekannt, diesen seinem Geist und seinem Wissen nach so tüchtigen, seinem Gemüth und ganzen Charakter nach so erprobten, liebenswürdigen Menschen, der nach dem schönen Zeugniß, das Karoline von Wolzogen ihm ertheilt, „im geraden Herzen alles Rechte und Edle mit Neigung umfing," den „ein gutmüthiger Humor, vielseitige Kenntnisse, alle geselligen Tugenden und vollkommene Sicherheit im Umgang überall willkommen machten" und dem man daher allgemein den Namen l'Ami beilegte, — der aber auch einer der zerstreutesten Menschen gewesen ist, die es hat geben können, und über den nach dieser Seite hin mancherlei Anekdoten noch kursiren. Eine harmlose, unbefangene, reine und offene Kinderseele, wie man sie selten findet, war sein hervorstechendes Eigenthum, dessen Größe und Werth er selber am wenigsten kannte. Dabei war er ein Galanthomme im edelsten Sinne des Worts, wie irgend einer, der in wahrhaft ritterlicher Art sein Verhältniß zu den Frauen zu gestalten wußte, die Galanterie eines Mannes von Welt in Wort und That bewährend und daher bei dem schönen Geschlecht stets wohlgelitten. Niemand hätte einen beglückenderen und glücklicheren Ehemann abgegeben, als er, dieser feinfühlende und rücksichtsvolle Freund der Frauen; allein er konnte, wie richtig bemerkt worden ist, aus lauter Geschäftigkeit nach einer unglaublichen Menge von Richtungen hin, zum Heirathen gar nicht gelangen. Freilich wohl würde eben er, diese geduldige, sanfte und nachgiebige Natur, übel berathen und zu beklagen gewesen sein, wenn er nicht das rechte weibliche Herz gefunden hätte. Wie viel machte dem armen Cölibätarius während beinahe eines Vierteljahrhunderts seine launenhafte und herrschsüchtige Haushälterin zu schaffen, welche zu entlassen er dennoch nicht über sich vermochte. Er kam mir immer, wenn ich ihn in seiner unvermeidlichen Kammerherrnuniform, etwas gebeugter Gestalt, noch raschen, trippelnden Ganges, sein schweres spanisches Rohr mit goldenem Knopf in der Hand, auf der Straße oder auf seinen einsamen Spaziergängen erblickte, wie ein in der Irre herumlaufendes, phantastisch aufgeputztes Kind vor, das seine Heimath sucht, und sie nicht wiederfinden kann. Seinem länglichen, schmalen und hageren

Gesicht war das Gepräge der äußersten Seelengüte
aufgedrückt; ein stilles, friedliches Lächeln ver-
klärte seine kindlichen, feingeschnittenen Züge; aus
seinem blauen Auge sprach sein ganzes treues,
wohlwollendes Herz. Zuweilen sah man ihn in
seiner Verlassenheit auf einer Bank im Park sitzen,
still vor sich hinblickend und mit seinem Stock sacht
und nachdenklich in der Erde wühlend, als wolle
er eine längst gestorbene Zeit aus ihrem Grabe
aufscharren. — Häufig hörte man beim Vorübergehen in der Nähe seiner Wohnung ihn weiche,
wehmüthige Töne seinem Cello entlocken, diesem
seinem unwandelbaren Freunde, dem er so unzähligemal zu Freude und Lust seiner Hörer aus-
drucksvolle Sprache verliehen hatte. Lebensmüde
folgte er seinem ihm um drei Wochen in die
Ewigkeit vorausgegangenen Fürsten am Begräbniß-
morgen desselben nach (den 9. Juli 1828). —

Es bedarf hier nicht der Aufzählung aller
seiner Leistungen in Wissenschaft und Kunst. Wo
und wie oft nur immer des Weimarischen Musen-
hofes gedacht werden wird, wird man auch seiner
und dessen ehrenvoll Erwähnung thun, was er
eben sowohl als ästhetischer Schriftsteller, so unter
anderen durch seine geistreichen Bearbeitungen
mehrerer der besten Calderon'schen Stücke für die

deutsche Bühne, durch seine Uebersetzung der Terenz'schen Lustspiele behufs der theatralischen Aufführung, durch seine für das fürstliche Liebhabertheater gedichteten Schauspiele und Operetten, — als auch durch seine gefälligen Kompositionen, wie nicht minder als ausübender Musikkünstler in liebevoller Hingebung an die Sache producirt hat. Seine anonym (1797) erschienenen „Grundlinien zu einer Theorie der Schauspielkunst" sind noch immer lesens= und beachtenswerth.

Karl Siegmund von Seckendorf lieferte gleichfalls als dramatischer Schriftsteller und durch musikalische Gaben seinen Beitrag zur Erheiterung jenes merkwürdigen Hofcirkels, und wie Knebel, wie der humoristische, originelle Märchenerzähler der Deutschen, Musäus, der Herzogliche Sekretär Bertuch, „bei seinem haushofmeisterlichen Talent der Schaffner, wenn es Ausrüstung zu einem zwanglosen Fest galt,*)" Kammerherr von Wedel, Oberstallmeister von Stein, Kapellmeister E. W. Wolf, später auch der Literat Joh. Joach. Christoph Bode, welcher 1778 der Wittwe des berühmten Bernstorff als ihr Geschäftsführer nach

---

*) Wachsmuth, „Weimar's Musenhof," S. 50.

Weimar gefolgt war,*) und der „ausgezeichnetes Talent zur Uebertragung moderner ausländischer Klassiker der humoristischen Gattung in's Deutsche hatte, damit musikalische Virtuosität und lebhaften Eifer für Freimaurerei, damals ein wirksames und angesehenes Organ zur Pflege der Humanität, verband und immer bereit war, zu amüsiren (Wachsmuth a. a. O.)," — wie diese alle sich ganz eben so anschlossen, auch Karl August selbst und Prinz Constantin sich nicht ausschlossen, bedarf — der Dii minorum gentium gar nicht zu gedenken — hier nur der flüchtigen Andeutung. Wer, der je einen theilnehmenden Blick auf das anziehende Leben jener Jahre geworfen, müßte unter dem weiblichen Personal der auserlesenen Gesellschaft sich nicht einer Herzogin Anna Amalia selbst, der Hofdamen von Göchhausen (der „Gnomide", wie Wieland sie bezeichnet), von Wöllwarth, ferner des Kapellmeisters Wolf Gattin, der Hofsängerinnen Steinhart und Neuhaus, der Amalie Kotzebue (nachmals verehelichten Gildemeister),

---

*) Einige Jahre nachher, unter dem Namen Amelius, eines der thätigsten und einflußreichsten Mitglieder des Illuminaten-Ordens. (Vgl. H. Hettner, „Literaturgesch. des 18. Jahrh." 3. Th. 2. Buch, S. 340.)

Fräuleins von Rudorf (nachher mit Knebel vermählt), obenan aber der Corona Schröter u. A. zu erinnern*)!

Es ist bekannt, wie Lust und Scherz mit sinnigem Ernst in buntester Mannigfaltigkeit mit einander abwechselten; wie ausgearbeiteten fremden und eigenen Erzeugnissen der dramatischen Muse mitunter Produktionen des Augenblicks, die Kinder lecken Humors, feinsten, zündendsten Witzes, wie sprühende Leuchtkugeln aufsteigend und ohne zu verletzen niederfallend, sich beigesellten, auch glänzende, vielsagende Maskenzüge nicht fehlten, Alles und Jedes auf der Höhe von der reinsten Sitte geadelten Gefühls und Geschmacks sich haltend.

Eben so kennt man die längst zerfallenen und veröbeten Schauplätze dieser reizenden Spiele. Mich hat es oft nach den Stellen hingezogen, wo die Naturbühnen aufgeschlagen waren, auf denen zum guten Theil diese dramatischen Spiele vor sich gingen, und mir war es immer, als könne das einst so bunte, reichbelebte Gemälde gar nicht verblaßt und zerflossen sein, als hätten die Gestalten, von denen es ehemals bevölkert war, sich nur auf kurze Zeit, um sich umzukleiden oder auf

---

*) Vgl. Schöll's vortreffliches „Karl-August-Büchlein" (Weimar, 1857), S. 28. ff.

einige Minuten von ihrem Werk auszuruhen, zurückgezogen und würden nun neu gestärkt zurückkehren, um an's fröhliche Ende des Tags oder Abends den fröhlichen Anfang anzuknüpfen. Goethe nennt sie diese Stätten in seinem Gedicht auf Mieding's Tod, und das erste Motto unseres Kapitels hat die Angabe derselben diesem Gedicht entnommen.

In Wahrheit, es muß ein einziges, von dem Lichtmeer der Poesie umspieltes und umwobenes Leben gewesen sein dies Herzogliche Liebhabertheaterleben, dessen wuchernde Keime die Hand Desjenigen, der dort die besten Saatkörner gelegt, auf erweitertes, allgemeineres Kunstgefild verpflanzte, wo sie eine Ernte hervortrieben, von welcher auch die übrige Welt ihren Antheil empfing. Den Trieb und die Anregung, die Lust und die Neigung, die Goethe der Bühne und ihrer Leitung sich zuwenden ließ, brachte er von dorther mit herüber.

Die Geschichte des deutschen Theaters hat es zu verzeichnen, was durch die Weimarische Bühne in den Jahren von 1770 bis 73 auch für die O p e r geschah. Es ist dies nahezu das Bedeutendste, was in Deutschland überhaupt dafür gethan worden ist, ein epochemachendes Kunstereigniß. Außerdem daß der Schauspieldirektor Koch die Operette in Weimar heimisch machte, wurde diese Stadt durch Wieland's und Anton Schweitzer's „Alceste" die Geburtsstätte der deutschen Oper im höheren Sinn.

———

Hatte der Baum des Bühnenlebens meiner Vaterstadt schon schwellende, hoffnungsreiche Knospen in Menge gezeigt, so öffneten sich diese zu den lieblichsten Blüthen, aus welchen die kräftigsten Früchte erwuchsen, von der Zeit an, wo Goethe die Direktion des neugeschaffenen Hoftheaters übernahm, nachdem der mit Bellomo aus Wien (eigentlich: Beluomo, zu Deutsch: Schönmann) abgeschlossene Kontrakt abgelaufen war. Derselbe begriff die Jahre von 1784 bis 1791 in sich. Am fünften April des letztgedachten Jahres nahm Bellomo mit seiner Gesellschaft vom Publikum Abschied, und mit dem siebenten Mai eröffnete die neue Direktion mit Iffland's „Jägern" ihre vielsprechende und noch weit mehr leistende Wirksamkeit.

Der von der Bellomo'schen Truppe zurückgebliebene Malkolmi debütirte unter der neuen

Direktion als Oberförster, in welcher Rolle er sich bereits dem Publikum unter Bellomo am 2. Februar 1788 bestens empfohlen hatte. Ueber ihn später ein Mehreres.

Eingeleitet wurden die Vorstellungen mit dem sinnigen Prolog Goethe's: „Der Anfang ist in allen Sachen schwer 2c.," gesprochen vom Schauspieler Domaratius.

Die Hoffnungen und Erwartungen, welche Karl August auf die neue Anstalt setzte, waren nicht geringe, wußte er doch auch, welchen Händen er sie anvertraut hatte. „Im Monat Mai (schreibt er unter dem 28. März jenes Jahres an Knebel) wird unser neues Theater seinen Anfang nehmen. Ob wir gleich dieses Unternehmen sehr mäßig beginnen, so hoffe ich doch, daß es mehr Vergnügen schaffen wird, als aus den bisherigen Schauspielen zu schöpfen war."*)

Sogleich die erste Aufführung kündigte, wie Augen- und Ohrenzeugen versicherten, den neuen, frisch belebten und belebenden Geist an, der seine Schwingen allmälig auszubreiten begann. Konnte auch, der Natur der Sache nach, das Zusam-

---

*) Bei Schöll in dem angeführten Buche.

menspiel noch nicht als ein fertiges gelten, — denn:

> Von allen Enden Deutschlands kommen wir
> Erst jetzt zusammen; sind einander fremd,
> Und fangen erst nach jenem schönen Ziel
> Vereint zu wandeln an, und jeder wünscht
> Mit seinem Nebenmann es zu erreichen,

läßt der Dichter den Prologus bekennen, — so ließ sich doch schon aus dem Anfang das: ex ungue leonem herausfinden. Eine jugendliche Kraft, die man gewonnen hatte, der später ganz bedeutsam gewordene Heinrich Becker, trat an demselben Abend als „Rudolph" auf und fand beifällige Aufnahme.

Die glücklichste, für die Folge geradehin namhafteste Acquisition machte indeß Goethe an der noch blutjungen Tochter des Schauspielers Joh. Christian Neumann, welchen im Jahr 1784 Bellomo mit nach Weimar gebracht hatte, und der am 15. Februar 1791 dort gestorben war, — Christiane Amalie Louise Neumann, später verehelicht mit genanntem Becker, über welche Goethe sich folgendermaßen ausspricht: „Kurz vor der Veränderung (Bellomo's Abgang und Errichtung des neuen Hoftheaters) starb ein sehr schätzbarer Schauspieler, Neumann, er hinterließ uns eine vierzehnjährige

Tochter, das liebenswürdigste, natürlichste Talent, das mich um Ausbildung anflehte." Mit wie großem Erfolg sie, die schon vorher Schülerin der Corona Schröter gewesen, die Goethe'sche Anleitung benutzt, mit welch' glücklich belohntem Fleiß ihr Talent die Winke und Vorschriften des Lehrers aufgefaßt und verarbeitet hat, auf welch' hohe Stufe der Kunst sie sich damit, und zwar rasch emporgeschwungen, so daß Wieland über sie den Ausspruch that: „Wenn sie nur noch einige Jahre so fortschreitet, so wird Deutschland nur eine Schauspielerin haben," — und Iffland ihr nachrühmt: „Sie kann Alles; denn nie wird sie in den künstlichen Rausch von Empfindsamkeit — das verderbliche Uebel unserer jungen Schauspielerinnen — verfallen*)," — davon wußten so Viele zu erzählen, die mit begeisterter Theilnahme ihrem Spiel folgten. Welches Große würde sie noch in's Leben gerufen haben, wenn sie der Kunst nicht so früh entrissen worden wäre! — In dem wundervollen Gedicht „Euphrosyne" hat Goethe

---

*) Näheres ist, neben diesen Aussprüchen über Christiane Neumann, über sie zu finden in Pasqué's schätzbarem, vorzüglich als Quellenwerk werthvollem Buche: „Goethe's Theaterleitung in Weimar ꝛc." (Leipzig, b. Weber, 1863, 2 Bände), 1. Bd. S. 139 ff.

bekanntlich ihr den würdigsten Nachruf geweiht. Dieser Dichter aber, von dem der Geist der Vollendeten sagt:

Bildete doch ein Dichter auch mich, und seine Gesänge,
Ja, sie vollenden an mir, was mir das Leben versagt, —

er, der sie „bildete," wurde noch Manchem und Mancher nach ihr Lehrer und Bildner im ganzen Umfang des Worts, wie dies eine Zeit lang sein großer Freund Schiller mit ihm im Bunde geworden und gewesen ist.

4.

Einiges über die Weimarische Theaterschule. — Einzelne von Goethe's eigenen Aussprüchen über seine Bühnenleitung.

<blockquote>
Denn auf dem breternen Gerüst der Scene
Wird eine Idealwelt aufgethan.
Schiller.

Ehemals glaubte jeder Anfänger an Schule, Regeln, Meisterschaft, und unterwarf sich bescheiden der Grammatik seines Fachs, wovon die jetzige Jugend meist nichts wissen will. Goethe.
(vom 23. Febr. 1832.)

Die kunstgemäße Ausbildung einer bedeutenden Naturanlage bewirkt zu haben, bleibt eines unserer schönsten Gefühle.
Derselbe.
</blockquote>

Nur im Zusammenhang mit den vorausgegangenen Entwickelungsstufen des deutschen Schauspiels wird man die Grundsätze und die Leistungen der Weimarischen Theaterschule richtig aufzufassen und unparteiisch zu würdigen im Stande sein.

Von der Regellosigkeit und Ungebundenheit,

man könnte sagen: Dissolutheit und Zuchtlosigkeit, welcher das Drama und die Komödie, überhaupt die gesammte Bühnenwirthschaft anheimgefallen war, hatte die sogenannte Leipziger Schule unter Gottscheb's pedantisch-rigorösem Scepter und unter der Neuberin Direktion des dortigen Theaters die Bühne zu befreien gesucht; nur daß die mit vieler Sorgfalt angestrebte und mit Konsequenz und Energie in's Werk gesetzte Regeneration derselben in das Gegentheil umschlug; die Ausschreitung aus den Grenzen der Natur, oder die auf die Spitze gestellte, nackte Natürlichkeit in die baarste Unnatur, die Regellosigkeit und Willkür in Steifheit und Affektirtheit, die zerfahrene, gemeine Deklamation in Schwulst und Bombast, in unerträgliche Geschraubtheit, in philiströses Kunst-Zopfthum ausarteten.

Welchen wesentlichen Vorschub Eckhof im Verein mit Lessing der deutschen Schauspielkunst geleistet hat, weiß die Welt. Lessing erst war es, der angefangen hatte, durch seine Dramen deutschen Geist, deutsches Gemüth, deutschen Charakter, kurz: deutsches Leben der Bühne zu verleihen, und durch seine dramaturgischen Erörterungen und Besprechungen gewisse Regeln für die Schauspielkunst aufzustellen, die maßgebend werden

mußten. Daß er und Eckhof sich fanden und
sich zum Heil der Sache gegenseitig in die Hände
arbeiteten, darf als ein sehr glücklicher Umstand
angesehen werden. Ihrer engverbundenen Thätigkeit gelang es, der Unnatürlichkeit, wie der
rohen Natur auf der Bühne zu steuern und eine
veredeltere an Stelle der letzteren zu setzen.
Dies ist das unangestrittene Verdienst der Hamburger Schule. Das, was Lessing als gutes No-
tabene einem Schauspieler in's Stammbuch schrieb:

>Kunst und Natur
>Sei auf der Bühne Eines nur;
>Wenn Kunst sich in Natur verwandelt,
>Dann hat Natur mit Kunst gehandelt,

kann im Allgemeinen als leitende Maxime dieser
Schule betrachtet werden. — Schröder ist in demselben Geist und Sinn weiter geschritten: er hat
dadurch, daß er dem deutschen Theater Shakespeare,
dessen Bekanntschaft Wieland und Eschenburg unserer Nation vermittelt hatten, erst eigentlich eroberte
den Gesichtskreis der dramatischen Kunst bei uns
erweitert, auf höhere Ziele gelenkt, dem Schauspieler erhabenere Probleme gestellt und zugleich
dankbarere Vorlagen geboten, indem er durch des
großen Briten unter uns heimischer gemachte dramatische Werke der Menschendarstellung auf der

Bühne nach den verschiedensten Seiten und Richtungen hin ein vorher nicht gekanntes Feld eröffnete. Mochte auch Shakespeare durch Schröder's nur zu merklich abschwächende und verstümmelnde Bearbeitungen noch nicht in sein volles Recht eingesetzt worden sein: genug, daß Schauspieler und Publikum ihn kennen zu lernen an= fingen; daß durch ihn dem Schauspieler Veranlassung geboten und die Pflicht auferlegt ward, Charaktere aus dem reinen, individuellen Menschenleben nach oben und unten, Charaktere, wie er sie zeichnet in ihrer unverkünstelten, objektiven Wahrheit, zu studiren und wiederzugeben, dem Publikum aber so der Einblick in den Bau und die Verhältnisse seiner Kunstwerke ermöglicht, und der Geschmack desselben geläutert wurde.

Trotz alledem hat es jedoch damit seine Richtigkeit, daß die Hamburger Schule der idealen Auffassung der Natur noch ziemlich fern stand, und, indem sie diesen Faktor in den Kreis ihrer Bestrebungen nicht aufnahm und nach dem Stand der Sache nicht aufnehmen konnte, der nothwendigen Vervollkommnung und Weiterbildung harrete. Diese konnte nur erst dann eintreten, als unser deutsches Drama, durch Lessing angebahnt, sich zu der Höhe emporrang, auf die es durch die

Schaffungskraft unserer großen vaterländischen Dichter, Schiller und Goethe, gehoben wurde. Die volle Blüthe ihres Daseins erschloß sich aber der Bühne, als die reifsten und tiefsten Produkte der deutschen dramatischen Kunst seit Schiller's Wallenstein und seinen nachfolgenden Werken, seit Goethe's Iphigenia, Tasso, natürliche Tochter ihr die größten Aufgaben zur Lösung darboten. „Mit Wallenstein," sagt Karoline von Wolzogen,*) „hatten wir nun eine Tragödie, das erste Stück, was nach Götz von Berlichingen unser **eigenes deutsches Leben** aussprach und **mächtig in die Zeit eingriff**, ja auf die Erhaltung des **Nationalsinnes** unter fremder Unterjochung entschieden wirkte."

Unbestritten läßt sich so viel feststellen, daß nur **die Zeiten**, welche große Dramendichter erzeugen, auch Zeiten neuschaffender **Bühnenreformen** sein können. Molière und Shakespeare sind dafür redende Zeugen, und an Lessing wurde vorhin erinnert. Wenn die beiden Erstgenannten durch den Umstand, daß sie Bühnendichter und Darsteller in **einer** Person waren, einen nicht hoch genug anzuschlagenden Einfluß auf die Bühne

---

*) „Schiller's Leben, verfaßt aus Erinnerungen der Familie ꝛc." 2. Bd. S. 179 f.

ihrer Zeit übten; wenn Lessing vermöge seiner genauen Beziehungen zum Hamburger Theater als Dichter und Dramaturg demselben den kenntlichen Charakter aufdrückte, und er — Lessing —, ohne selbst Schauspieler zu sein, und darum, wie jene, nach Ed. Devrient's bezeichnendem Ausdruck, „aus innerster Bewegung des theatralischen Darstellungstriebs" zu dichten, deswegen so förderlich wirkte, weil er „durch Einsicht und Anschauung wenigstens sich auf den Standpunkt stellte, den Molière und Shakespeare ihrem Beruf nach einnahmen," — so kann und muß das von Goethe und Schiller ganz eben so und in noch ausgedehnterem Sinne gelten. Was unserer Bühne und der Bühnendarstellung noch fehlte, war ihrer „Einsicht" nicht entgangen; der Standpunkt, auf welchen sich das deutsche Bühnenthum noch aufzuschwingen habe, lag, von ihnen bestimmt erkannt, taghell ihrem Geiste vor; und die „Anschauung" des Theaters war für sie gegeben. Kann Lessing als der Morgenstern am dramatischen Himmel Deutschlands bezeichnet werden, so darf man sie füglich die Sonne, die Doppelsonne nennen, die an ihm aufging und den vollen Tagesglanz darüber verbreitete. Wie sie in der Dramatik das Vollendetste hervorgebracht haben,

was unser Volk und unser Theater besitzt; wie
sie durch ihre Werke dieser Gattung dem Geist
der ächten Tragödie ein neues Leben einflößten,
sie über die Schranken des bloßen Familienin=
teresses hinausführten und dadurch der Schauspiel=
kunst zugleich einen mächtigeren Impuls gaben,
sie in eine höhere Sphäre rückten: so war, wie
der Erfolg ihrer bezüglichen Bemühungen darthut,
ihrem Geist auch unmittelbar das Bewußtsein der
Hebel und Mittel gegenwärtig, die allein zu die=
sem Ziel führen konnten. Sie wußten, daß, wie
Bulwer sagt: „die Kunst die Natur nicht sklavisch
nachahmen, sondern e r h ö h e n muß." Ohne ihre
Dazwischenkunft würde die durch Lessing, Eckhof,
und Schröder der Bühne gegebene Richtung leicht
wieder zum leibigen Naturalismus herabgesunken,
oder der Nüchternheit, Beschränktheit und Flach=
heit der Familiendramen=Darstellung, wie sie sich
festzusetzen und einzubürgern begann, größtentheils
anheimgefallen sein. Das aber eben stellte sich
als das Hauptmoment ihres Einwirkens auf das
Theater im Allgemeinen heraus, daß sie darauf
ausgingen, ein poetisches, vom Genius der Natur=
wahrheit und der Schönheit g l e i c h m ä ß i g ge=
tragenes und v e r k l ä r t e s, dem Geiste unseres
deutschen, auf das Ideelle gerichteten Charakters

angemessenes Ganzes hervorzurufen, „höheren Adel der Natur zu geben," während die Mannheimer und die mit ihr auf einem und demselben Stiel erwachsene Berliner Schule, durch das Ansehen Iffland's als Schauspieler und Bühnendichter, den Schwerpunkt in die Ausbildung der Charakterzeichnung und des Konversationstons verlegte.

An den eigenen, vom veredelnden Hauch der Idealität angeweheten, und zugleich vom Geist des reinen Natur= und Menschenlebens durchdrungenen Schöpfungen zogen Goethe und Schiller die Schauspieler vor Allem heran, und ehe noch Schiller an der Unterweisung der Weimarischen Schauspieler sich mitbetheiligte, fand er nicht nur — wie das Goethe selbst hervorhebt — den festen Grund zur Aus= und Durchführung der leitenden Principien gelegt, sondern bereits das Werk im schönsten Aufbau begriffen. Leider war es nur der Zeitraum weniger Jahre, in welchem es ihm gegönnt war, Hand in Hand mit seinem großen Freunde die Anstalt weiter und weiter zu führen; ohne nachhaltiger zu resultiren, blieb indeß seine Theilnahme nicht, wie sie denn auch auf ihn selbst und seine dramatischen Hervorbringungen zurückwirkte. In letzterem Betracht pflegte er zu sagen*): das Anschauen des Theaters wirke sehr auf seine Produktivität. Die Art und Weise, wie man das Dramatische durch das Auge vor Seele, Geist und Herz bringen müsse, werde ihm immer klarer. Er bekomme neue Ansichten bei jeder Vorstellung, lerne Fehler vermeiden, und die Lichtpunkte träten immer mehr hervor. — „Ich glaube," versicherte er die Seinen, „mich beinahe nicht mehr darüber täuschen zu können, was die dramatische Kunst fordert." Und so war es! „Die Nähe des Theaters, seine Einwirkung darauf erhielten ihn in einer äußeren, ihm zusagenden Thätigkeit," wie seine Schwägerin hinzusetzt. „Mit Wohlwollen und guter Laune behandelte er das Verhältniß zu den Schauspielern; sie nahmen seinen Rath gern an, und die Bildungsfähigen gewannen an Kunst und höherem Sinn. Er ahnete das Talent, und ein sicherer Takt täuschte ihn nie." —

Man hat von einem widernatürlichen, nicht vermittelten Sprung geredet, also von einer künstlich hervorgerufenen und gemachten Erhebung der Schauspielkunst und einem gewaltsam Hinaufgetriebenwordensein der Schauspieler zu künstlichen

---

*) Karoline v. Wolzogen a. a. O.

Zielen und Höhen der Idealität durch Schiller und Goethe, — einer „Dressur" und was dergleichen Ausdrücke mehr sind. — In der Kunst so wenig wie in der Natur giebt es „Sprünge." Wenn die Zeit, dies Gottgewollte, als Geburtshelferin neuer, großer Umgestaltungen da und erfüllt ist, — und sie war für die Schauspielkunst mit den sie normirenden, bestimmenden und befruchtenden Werken unserer Schauspieldichter, Goethe und Schiller, naturgemäß erschienen — da kann von einem Verfrühetsein und einer Treibhauswärme nicht mit Fug und Recht gesprochen werden. — Man konnte keiner Anderen warten und mit ihnen keines andern Ergebnisses ihrer Bühnenleitung und der Weimarischen Theaterschule, als ihrer und des durch sie Hervorgerufenen. Schlimm und beklagenswerth genug, wenn das nachkommende Geschlecht sich so viel hat davon entgehen lassen. — Der Verfall blieb nicht aus. — Das einzige und ausschließliche Verdienst der Weimarischen Schule aber in die Kunst des rhythmischen Vortrags und in schwungvolle Deklamation setzen, heißt: sie nur nach einer Seite hin auffassen und würdigen, und sich den Geist derselben unter den Händen entfliehen lassen. Und ist es doch dieser ihr Geist, welcher den Stromwellen der dramatischen und darstellenden Kunst ihre Bahnen für alle Zeiten hin anweisen muß, sollen sie die rechten sein und bleiben. Auf welche Irrwege das Verlassen dieser Bahnen die Zustände selbst großer Bühnen geführt hat, lehrt die Erfahrung der Gegenwart.

Wie im Leben, so auf der Bühne: wo **ideale Strebungen fehlen**, da sinkt der Mensch, da die Kunst und der Künstler nur zu leicht **unter das Natürliche herab**, indem sie und er glaubt, **immer noch** und **nur** an der Hand der Natur zu gehen.

———

Zum Glück sind uns, durch Eckermann („Gespräche mit Goethe"), eine Anzahl merkwürdiger und beachtenswerther Bekenntnisse Goethe's über seine Theaterleitung und den Stand der Weimarischen Bühne zu der Zeit, wo diese noch sein Pflegling heißen konnte, aufbewahrt. Etlichen von ihnen sei hier ein kleiner Platz gegönnt.

Jene Zeit nennt der Altmeister eine solche, die ihm „mit großen Avantagen zu Hilfe gekommen" sei. „Die langweilige Periode des französischen Geschmacks war noch nicht gar lange vorbei und das Publikum noch keineswegs übereizt, Shakespeare wirkte noch mit seiner ersten Frische, die Opern von Mozart waren jung, und endlich wurden die Schiller'schen Stücke, erst von Jahr zu Jahr in Weimar entstanden und auf dem Theater da durch ihn selbst einstudirt, in ihrer ersten Glorie gegeben, und mit solchen Gerichten war, wie man sich denken kann, Alt und Jung zu traktiren, und wir hatten immer ein dankbares Publikum. — Die Hauptsache aber war dieses, daß der Großherzog mir die Hände durchaus frei ließ und ich schalten und machen konnte, wie ich wollte. Ich sah nicht auf prächtige Dekorationen und glänzende Garderobe, aber ich sah auf gute Stücke. Von der Tragödie bis zur Posse, mir war jedes Genre recht; aber ein Stück mußte etwas sein, um Gnade zu finden. Alles Krankhafte, Schwache, Weinerliche und Sentimentale, Gräuelhafte und die gute Sitte Verletzende war ein= für allemal ausgeschlossen; ich hätte gefürchtet, Schauspieler und Publikum damit zu verderben. Durch die guten Stücke aber hob ich die Schauspieler. Denn das Studium des Vortrefflichen und die fortwährende Ausübung des Vortrefflichen mußte nothwendig aus einem Menschen, den die Natur nicht im Stich gelassen, etwas

machen. Auch war ich mit den Schauspielern in
beständiger persönlicher Berührung. Ich leitete
die Leseproben, machte jedem seine Rolle deutlich;
ich war bei den Hauptproben gegenwärtig, und
besprach mit ihnen, wie etwas besser zu thun;
ich fehlte nicht bei den Vorstellungen und bemerkte
am andern Tage Alles, was mir nicht recht erschienen. Dadurch brachte ich sie in ihrer Kunst
weiter. — Aber ich suchte auch den ganzen Stand
in der äußeren Achtung zu heben, indem ich die
Besten und Hoffnungsvollsten in meine Kreise zog
und dadurch der Welt zeigte, daß ich sie eines
geselligen Verkehrs mit mir werth achtete. Hier-
durch geschah aber, daß auch die übrige höhere
Weimarische Gesellschaft hinter mir nicht zurück-
blieb und daß Schauspieler und Schauspielerinnen
in die besten Cirkel bald einen ehrenvollen Zutritt gewannen. Durch Alles mußte für sie eine
große innere, wie äußere Kultur hervorgehen.
Mein Schüler Wolff in Berlin, so wie unser Dürand sind Leute von dem feinsten geselligen Takt.
Herr Oels und Graff haben hinreichende höhere
Bildung, um der besten Gesellschaft Ehre zu machen. — Schiller verfuhr in demselben Sinn wie
ich. Er verkehrte mit Schauspielern und Schauspielerinnen sehr viel; er war gleich mir bei allen

Proben gegenwärtig, und nach jeder gelungenen Vorstellung von einem seiner Stücke pflegte er sie zu sich einzuladen und sich mit ihnen einen guten Tag zu machen.*) Man freuete sich gemeinsam an dem, was gelungen, und besprach sich über das, was etwa das nächste Mal besser zu thun sei. Aber schon als Schiller bei uns eintrat, fand er Schauspieler wie Publikum im hohen Grad gebildet vor, und es ist nicht zu leugnen, daß es dem raschen Erfolg seiner Stücke zu gute kam."

Mit der Bildung der Weimarischen Schauspieler kontrastirt nun das, was das Nuppius'sche „Sonntagsblatt" 1864, Nr. 29 von einer Berliner Schauspielerin erzählt, die sich bei Goethe hatte vorstellen lassen, auffallend, und thut dar, wie manche Künstler „das Stück, worin sie auftreten, meist gar nicht kümmert, und nur die Rolle, die sie spielen, ihrer Meinung nach sie angeht;" wie sie sogar „über die Rolle häufig nicht blos das Stück, sondern den Verfasser dazu vergessen." Jene Schauspielerin, über die das

---

*) Nach dem dritten Akt der ersten Aufführung des Wallenstein eilte er mit einigen Flaschen Champagner, die er unter seinem Mantel verborgen, auf die Bühne und trank sie mit den Schauspielern und ihnen zu Ehren.

Blatt berichtet, „war durchaus kein untergeordnetes Mitglied der Bühne, bei der sie im Engagement stand, vielmehr „„ein Stern erster Größe."" Der Mann, der sie bei Goethe einführte und vorstellte, hatte den alten Herrn vorher darauf aufmerksam gemacht, daß die Dame unter Anderem auch in seinem Stück: Die Mitschuldigen, excellire. Der Meister sah mit lächelndem Behagen die reizende Erscheinung in sein Zimmer treten, begegnete ihr mit größtem Wohlwollen und bemerkte im Lauf der Unterhaltung: „„Sie haben in Berlin, höre ich, auch in den Mitschuldigen gespielt."" „Ach, Excellenz," fiel die Künstlerin lebhaft ein, „reden Sie mir nicht von dem dummen Dinge!" Sie hatte keine Ahnung, daß Goethe der Verfasser sei. Und was war seine Antwort? Nichts weiter, als ein schmunzelndes: „Hum, hum! So, so!" Damit brach er das Gespräch ab." — Wie dem „Unglücklichen," der ihm „die Priesterin der Musen" zugeführt, bei dieser Scene zu Muthe gewesen sein mag, läßt sich denken.

Viel mehr und angelegentlicher, als man gewöhnlich glaubt und voraussetzt, hat Schiller sich der Theaterleitung angenommen. Nicht aus=

schließlich seine, auch Goethe'sche Stücke ging er mit den Schauspielern durch und studirte sie ihnen ein. Er, der seiner Dichternatur nach ganz besonders auf das Drama sich hingewiesen sah und demgemäß dafür sorgte, daß wir Deutsche doch auch neben Engländern, Franzosen und Spaniern uns darin sehen lassen konnten, mußte verstehen, und verstand es wirklich, wie ein Schau- und Trauerspiel auf das angemessenste und würdigste theatralisch aufzuführen und in Scene zu setzen sei. Und da zum Glück sich beide Dichter ebenfalls auf's genaueste verstanden und beim Einüben der Stücke an einem und demselben Seile zogen, so mußte ja wohl etwas Gescheidtes und Probehaltiges, wie man es bisher in dieser Totalität, in dieser Abrundung, mit diesem Geschick und Takt, und vornehmlich in diesem Geiste nirgends erblickt hatte, zum Vorschein kommen. Hielt sich auch Schiller, als Lehrer der Schauspieler, so zu sagen, mehr im Hintergrund, und ertheilte er bei Theaterproben, bei denen er sich in der Regel still zuhörend verhielt, ihnen nur gelegentlich und privatim auf der Bühne, wohin er sich dann begab, diese und jene Winke und Anleitungen zur Vervollständigung dessen, was er in Leseproben auf seinem Zimmer bereits bemerkt hatte: so hat sein Wirken doch eine tief eingreifende Bedeutung und die Anstalt ihm unglaublich viel zu verdanken gehabt. Es hat seine Richtigkeit mit dem, was Karoline von Wolzogen über das angedeutete Verhältniß vorbringt: „Was Goethe's und Schiller's vereintes Wirken bei beschränkten Mitteln in Weimar hervorgebracht, ist außerordentlich und zeigt, wie der Geist Alles vermag und über aller Berechnung steht. Schiller wirkte auf das Fühlen und innige Verstehen der Rollen; Goethe auf die Erscheinung im Leben. Wir sahen oft, daß er in vier Wochen verstehen, sprechen, sich stellen, sich betragen lehrte; seine klare Einsicht setzte gleich einem Zauberstab versteinte Massen in anmuthige Bewegung."

Das, was das Weimarische Theater durch beide diese Männer geworden, wird man um so eher erkennen und schätzen lernen, wenn man die Beschaffenheit desselben mit dem Urtheil vergleicht, das Goethe über das Leipziger und Zelter über das Berliner Theater (letzterer kurze Zeit nach Iffland's Tode) fällt. Unter'm 4. April 1800 schreibt Goethe an Schiller aus Leipzig: „In dem Theater wünschte ich Sie nur bei einer Repräsentation. Der Naturalism und ein loses, unüberdachtes Betragen, im Ganzen wie im Ein=

zelnen, kann nicht weiter gehen. Von Kunst und Anstand keine Spur. Eine Wiener Dame sagte sehr treffend: Die Schauspieler thäten auch nicht im geringsten, als wenn Zuschauer da wären. Bei der Recitation und Deklamation der meisten bemerkte man nicht die geringste Absicht, verstanden zu werden. Des Rückenwendens, nach dem Grunde Sprechens ist kein Ende. So geht's mit der sogenannten Natur fort, bis sie bei bedeutenden Stellen gleich in die übertriebenste Manier fallen." Ueber die Schauspieler eines andern, wenn auch unscheinbaren Theaters (in Pyrmont) drückt sich Goethe unter'm 12. Juli 1802 an Schiller so aus: „Die Gesellschaft ist im Ganzen eher gut, als schlecht; doch bringt sie eigentlich nichts Erfreuliches hervor, weil der Naturalismus, die Pfuscherei, die falsche Richtung der Individualitäten entweder zum Trocknen, oder zum Manierirten, und wie das Unheil alle heißen mag, hier so wie überall webt und wirkt und das Zusammenbrennen des Ganzen verhindert." — Man höre Zelter über das allererste Erforderniß einer guten Theateraufführung, die Recitation der Schauspieler, wie er sie auf der Berliner Bühne in den Jahren 1815 und 16 gefunden hat und beschreibt: „Wenn die guten Leute nur erst wollten reden lernen! Dieses Stoßen und Holpern und Drücken und Quetschen der Konsonanten, das sie wie ein Pfahlwerk vor der Luftröhre stehen haben, hindert jede gute Intention und ihr eigenes Gefühl. Deutlichkeit, Freiheit und Anmuth sind unerreichbar, wenn der Redner mehr Zeit und Kraft zum Athmen, als zum Sprechen braucht. Wozu sind die Leseproben, wenn das Nothwendige nicht geübt wird?" Als Wolff in Berlin den Hamlet gegeben hatte, schrieb Zelter an Goethe: „Was seine Haltung nach außen betrifft, so hoffe ich, daß unsere (Schauspieler) von ihm lernen sollen; denn in diesem Punkte sind sie, wenige ausgenommen, an das Schlechteste gewöhnt." Kurz darauf (9. Mai 1816) drückt er sich also aus: „Seine (Wolff's) Sicherheit im Sprechen ist sehr zu loben und zeugt von gutem Studio, womit er hier sehr viel auf die Anderen wirken wird. Mit dem Sprechen und dem Vortrag sind sie hier wie in der Wüste, und keiner weiß, was er mit seinem Athem anfangen soll."

Goethe's Interesse am Theater war, wie er selbst gesteht, nur so lange ein wahrhaft lebendiges, als er dabei praktisch einwirken konnte. „Es war meine Freude," giebt er zu erkennen,*) „die Anstalt auf eine höhere Stufe zu bringen, und ich nahm bei den Vorstellungen weniger Antheil an den Stücken, als daß ich darauf sah, ob die Schauspieler ihre Sache recht machten, oder nicht. Was ich zu tadeln hatte, schickte ich am andern Morgen dem Regisseur auf einem Zettel, und ich konnte gewiß sein, bei der nächsten Vorstellung die Fehler vermieden zu sehen. Nun aber, wo ich beim Theater nicht mehr praktisch einwirken kann, habe ich keinen Beruf mehr, hineinzugehen. Ich müßte das Mangelhafte geschehen lassen, ohne es verbessern zu können, und das ist nicht meine Sache."

Wenn man es erlebt hat — und welcher Theaterbesucher sollte es nicht erlebt haben — wie kläglich es nur allzu oft um das Memoriren ihrer Rollen bei manchen Schauspielern bestellt ist, und welchen widerwärtigen Eindruck diese Komödiantenfaulheit auf den Zuhörer hervorbringt, der wird sich eines Goethe Zorn und Verzweiflung vorstellig machen können, wenn er dergleichen mit anhören mußte. Und einzelne Fälle mögen ihm in seiner langjährigen Theaterpraxis wohl

---

*) Bei Eckermann.

vorgekommen sein. — Wie er einmal Unzel=
mann (dem man großes Unrecht gethan haben
würde, wenn man ihn unter die Lernfaulen hätte
rechnen wollen) abtrumpfte, als dieser mit der
Rolle in der Hand eine Theaterprobe durchmachte,
erzählt sein Schwager, Eduard Genast, in seinem
„Tagebuch eines alten Schauspielers," aber auch
wie trefflich und resolut Unzelmann sich verantwortete
und rechtfertigte, Goethe sich dabei beruhigte und
den beredten Anwalt seiner selbst der gut geführten
Vertheidigung wegen sogar belobte. — „Nichts
ist schrecklicher," bekennt er bei Eckermann, „als
wenn die Schauspieler nicht Herr ihrer Rolle sind
und bei jedem neuen Satz nach dem Souffleur
horchen müssen, wodurch ihr Spiel sogleich null
ist und sogleich ohne alle Kraft und Leben." Ich
möchte wissen, was er gesagt und wie er sich ge=
berdet haben würde, wenn er, wie ich, unsern
sonst so vorzüglichen Schauspieler Lortzing
(freilich in seinen älteren Jahren, wo das Ge=
dächtniß ihm versagte) in der Lebrunschen Posse:
Nummer 777 gesehen hätte, wo dieser fast kein
Wort auswendig mußte und sich nicht einmal
direkt auf den Souffleur verließ oder verlassen
konnte, sondern noch eines zweiten Einbläsers in
der Person der Haushälterin in diesem Stück

(Mad. Zischka) bedurfte, die ihm Alles, was er mit ihr zu reden hatte, zuzischeln mußte, damit nur nicht der ganze Auftritt in's Stocken gerieth. Die eine Phrase, die in diesem — man kann sich vorstellen, wie fließenden — Dialog vorkam, und die ihm die Zischka ziemlich vernehmbar zuraunte, damit er sie an den Mann bringen könne, der Ausruf, den er von sich zu geben hatte: „Der Pfeffer muß geprellt werden!" verwandelte sich in seinem furchtbar unsicheren und verwirrten Munde in das Umgekehrte: „Der Preller muß gepfeffert werden!" und es gab darauf im Hause das lustigste Gelächter von der Welt.

― ― ―

Wenn so manche Theaterintendanten es mit der Besetzung mittelmäßiger Stücke in so fern auf die leichte Achsel nehmen, als sie auch mittelmäßige Kräfte dazu für gut genug halten, so war Goethe der entgegengesetzten Ansicht, und aus ihr ersieht man wieder den rechten, geborenen Intendanten. — „Es ist ein großer Irrthum," giebt er zu beherzigen, „wenn man meint, ein mittelmäßiges Stück auch mit mittelmäßigen Schauspielern besetzen zu können. Ein Stück zweiten, britten Ranges kann durch Besetzung mit Kräften ersten Ranges unglaublich gehoben und wirklich zu etwas Gutem werden. Wenn ich aber ein Stück zweiten, britten Ranges mit Schauspielern zweiten, britten Ranges besetze, so wundere man sich nicht, wenn die Wirkung vollkommen null ist. — Schauspieler sekundärer Art sind ganz vortrefflich in großen Stücken. Sie wirken dann wie in einem Gemälde, wo die Figuren im Halbschatten ganz herrliche Dienste thun, um diejenigen, welche das volle Licht haben, noch mächtiger erscheinen zu lassen."

Nicht weniger praktisch und instruktiv sind die Grundsätze, welche Goethe bei der Wahl neuer Theatermitglieder befolgte. „Ich verfuhr," erklärt er, „bei der Wahl eines neuen Theatermitglieds sehr verschieden. Ging dem neuen Schauspieler ein bedeutender Ruf voran, so ließ ich ihn spielen und sah, wie er sich zu den Anderen passe, ob seine Art und Weise unser Ensemble nicht störe, und ob durch ihn überhaupt bei uns eine Lücke ausgefüllt werde. War er aber ein junger Mensch, der zuvor noch keine Bühne betreten, so sah ich zunächst auf seine Persönlichkeit, ob ihm etwas für sich Einnehmendes, Anziehendes innewohne, und vor allen Din=

gen, ob er ſich in der Gewalt habe. Denn ein
Schauspieler, der keine Selbstbeherrschung besitzt
und sich einem Fremden gegenüber nicht so zeigen
kann, wie er es für sich am günstigsten hält, hat
überhaupt wenig Talent. Sein ganzes Metier
verlangt ja ein fortwährendes Verleugnen seiner
selbst und ein fortwährendes Eingehen und Leben
in einer fremden Maske. — Wenn mir nun sein
Aeußeres und sein Benehmen gefiel, so ließ ich
ihn lesen, um sowohl die Kraft und den Umfang
seines Organs, als auch die Fähigkeiten seiner
Seele zu erfahren. Ich gab ihm etwas Erha=
benes eines großen Dichters, um zu sehen, ob er
das wirklich Große zu empfinden und auszudrücken
fähig; dann etwas Leidenschaftliches, Wildes, um
seine Kraft zu prüfen. Dann ging ich wohl zu
etwas klar Verständigem, Geistreichem, Ironischem,
Witzigem über, um zu sehen, wie er sich bei sol=
chen Dingen benehme und ob er hinlängliche Frei=
heit des Geistes besitze. Dann gab ich ihm etwas,
worin der Schmerz eines verwundeten Herzens,
das Leiden einer großen Seele dargestellt war,
damit ich erführe, ob er auch den Ausdruck des
Rührenden in seiner Gewalt habe. Genügte er
mir nun in allen diesen mannigfaltigen Richtun=
gen, so hatte ich gegründete Hoffnung, aus ihm

einen sehr bebeutenden Schauspieler zu machen. War er in einigen Richtungen entschieden besser, als in anderen, so merkte ich mir das Fach, für welches er sich vorzugsweise eigne. Auch kannte ich jetzt seine schwachen Seiten und suchte bei ihm vor Allem dahin zu wirken, daß er diese stärke und ausbilde. Bemerkte ich Fehler des Dialekts und sogenannte Provinzialismen, so brang ich darauf, daß er sie ablege, und empfahl ihm zu geselligem Umgang und freundlicher Uebung ein Mitglied der Bühne, das davon durchaus frei war. Dann fragte ich ihn, ob er tanzen und fechten könne, und wenn dieses nicht der Fall, so übergab ich ihn auf einige Zeit dem Tanz- und Fechtmeister. — War er nun so weit, um auftreten zu können, so gab ich ihm zunächst solche Rollen, die seiner Individualität gemäß waren, und ich verlangte vorläufig nichts weiter, als daß er sich selber spiele. Erschien er mir nun etwas zu feuriger Natur, so gab ich ihm phlegmatische, erschien er mir aber zu ruhig und langsam, so gab ich ihm feurige, rasche Charaktere, damit er lerne, sich selber abzulegen und in eine fremde Persönlichkeit einzugehen."

Den Beschluß mache Goethe's Ausspruch über den Schauspieler in Bezug auf seine übrige artiſtiſche Ausbildung und ſein literariſches Studium. — „Ein Schauſpieler" — läßt er erwägen — „ſollte eigentlich auch bei einem Bildhauer und Maler in die Lehre gehen. So iſt ihm, um einen griechiſchen Helden darzuſtellen, durchaus nöthig, daß er die auf uns gekommenen antiken Bildwerke wohl ſtudirt und ſich die ungeſuchte Grazie ihres Sitzens, Stehens und Gehens wohl eingeprägt habe. — Auch iſt es mit dem Körperlichen nicht gethan. Er muß auch durch ein fleißiges Studium der beſten alten und neuen Schriftſteller ſeinem Geiſt eine große Ausbildung geben, welches ihm dann nicht blos zum Verſtändniß ſeiner Rolle zu gute kommen, ſondern auch ſeinem ganzen Weſen und ſeiner ganzen Haltung einen höheren Anſtrich geben wird." —

Noch iſt des Leſens werth, was er über ſeine **amtliche Stellung** dem Theaterperſonal, inſonders den **Frauen** gegenüber, vorbringt.

Die Goethe'ſchen Maximen ſind alt, das iſt wahr; aber gut ſind ſie, das iſt gewiß!

5.
Goethe in den Theaterproben. — Derselbe als Jupiter fulminans.

> Die deutschen bildenden Künstler sind seit dreißig Jahren in dem Wahne: ein Naturell könne sich selbst ausbilden, und ein Heer von leidenschaftlichen Liebhabern, die auch kein Fundament haben, bestärken sie darin.
> Goethe.
>
> Quos ego!!
> Virgil.

Man darf wohl, ohne fürchten zu müssen, auf Widerspruch zu stoßen, Goethe von der Zeit an, wo er in Weimarische Staatsdienste trat, einen der vielbeschäftigtsten und fleißigsten Menschen nennen. Und oftmals vereinte er die heterogensten Arbeiten, wie: Rekruten ausheben und an seiner Iphigenia dichten, mit einander, ihnen gleiche Theilnahme schenkend. Seine praktische Natur, sein schneller Ueberblick über die vorliegenden Verhältnisse, die Leichtigkeit, womit er seinen Stoff ordnete und bewältigte, die Kunst der Zeiteintheilung, die er wie einer verstand, ermöglichten ihm Vieles, was anderen Sterblichen überaus schwer geworden sein würde, oder was sie hübsch hätten bleiben lassen müssen.

In keiner seiner mannigfaltigen Geschäftsbranchen aber bewies er eine so große Ausdauer und Stetigkeit, als bei seiner Theaterdirektion. Es gab wohl Zeiten, in welchen die Lust und Liebe zur Sache in ihm abgeschwächt erschien; und wo in der Welt hätte es noch einen Bühnenvorgesetzten gegeben, der sich mit ihm nicht in gleichem Fall befunden hätte! Allein das waren nur vorübergehende Stimmungen, deren er sehr bald Meister wurde. Es trieb ihn immer wieder zur Bühnenvaterschaft hin; denn man konnte ihn mit Recht einen Vater der Bühnenmitglieder nennen. Und wenn Ehrfurcht, Respekt, Liebe, Vertrauen und freudiger Gehorsam gegen die Eltern die Kennzeichen gutgearteter Kinder sind, so gebührt der Weimarischen Schauspielergesellschaft das ehrende Zeugniß, ihrem väterlichen Freund und Berather alle diese Pflichten treu und unverbrüchlich geleistet zu haben. Nur von eini-

gen wenigen erzählt man, daß sie ungerathene, pflichtvergessene Kinder gewesen seien, unter ihnen ein gewisser Reinhold, der, weil er sich von Goethe zurückgesetzt glaubte, nach Art gemeiner Naturen in einem elenden Pasquill sein Gift gegen ihn ausspritzte*). — Fehlt doch in einer Jüngergesell=
schaft selten ein Judas!

Wenn denn nun auch eine Größe, wie die eines Goethe, an der Spitze einer Kunstgenossen= Familie steht, so versteht es sich von selbst, daß sie sich das unbedingteste Ansehen zu verschaffen gewußt haben wird. Wie er selber sagte, hat „Liebe und Strenge, zumeist aber Einsicht und unparteiische Gerechtigkeit, bei der kein Ansehen der Person gilt,“ **) ihm den Pfad geebnet. So mußte seine Pflanzung auf das Glücklichste ge=
deihen.

Jeder richtige Theatervorstand hält — der ersten seiner Amtspflichten eine — nicht nur auf gründliches Einstudiren und Probiren der Stücke,

---

*) Man sehe den sehr lesenswerthen, an interessanten Notizen reichen Aufsatz von Karl Eberwein: „Goethe als Theaterdirektor“ in Kühne's „Europa“ 1856, Nr. 17.
**) Eckermann, „Gespräche mit Goethe.“

sondern macht sich auch in Anbetracht der Proben=
abhaltung zum leitenden Grundsatz: Selber ist der
Mann! Goethe war ganz der Mann, denselben
in Ausführung zu bringen, und er that es ge=
wissenhaft.

Leseproben sind bekanntlich die allererſten
und nothwendigſten Bühnen=Vorarbeiten, und je
eifriger und umsichtiger sie eben betrieben werden,
auf ein um so sichereres Gelingen der Aufführung
läßt sich dann rechnen. Auf diesen Unterbau grün=
dete Goethe seine artiſtiſche Theaterleitung, und
darum stand sein Gebäude so feſt und unerschüt=
terlich. Er verabsäumte, der lieben Sitte unserer
Tage entgegen, keine dieser Proben, und in ihnen
nahm er Gelegenheit, den Schauspielern zuvör=
derſt das Verſtändniß des Ganzen, den Einblick
in die einzelnen Theile des dramatiſchen Werks
zu erſchließen. Ihm lag die Sache, welcher es
galt, so sehr am Herzen, daß er auch nicht die
leiſeſte Fahrläſſigkeit zugab, nicht den geringſten
Fehler vorübergehen ließ. Doch dies nicht genug:
er unterzog sich sogar in nicht vereinzelten Fällen
der Mühe, seinen Eleven ganze Partieen der dra=
matiſchen Arbeit vorzuleſen, mitunter auch einzelne
Rollen zu ſprechen. Und er las, nach allgemeiner
Versicherung, wunderbar ſchön, wobei ihm sein

unbeschreiblich klangvolles, jeder Modulation fähiges Organ zu statten kam.

Der Abhaltung der eigentlichen Theaterproben ließ er dieselbe Sorgfalt angedeihen. — Das ehrenvolle Zeugniß, das Goethe dem Serlo in Wilhelm Meister ausstellt, daß er „auch mittelmäßige Talente, durch die deutliche Einsicht, die er ihnen unmerklich verschaffte, zu einer bewundernswürdigen Fähigkeit erhoben habe," verdiente Niemand mehr, als er selber. —

Nach einer späteren Bestimmung auf dem Theaterzettel war zwar „der Zutritt auf die Bühne bei den Proben, wie bei den Vorstellungen nicht gestattet"; allein ich umging diese Vorschrift, die mich — so sophistisch kalkulirte meine kunstbegierige Seele — doch eigentlich nicht angehen konnte, klüglich dadurch, daß ich, um meine Theaterlust zu befriedigen und demnach, wo es sich thun ließ, auch dieser und jener Probe beizuwohnen, die verbotene „Bühne" streng und gewissenhaft mied, und mir die übrigen, in jene Bestimmung nicht ausdrücklich aufgenommenen Räume des Hauses auswählte, die immer noch groß und weit genug für mich waren. Die Hauptzugänge zu denselben fand ich zwar verschlossen; es gab indeß noch Neben- und Schleichwege, deren Bekanntschaft ich vorsorglicherweise schon lange vorher angebahnt hatte. Diese behielt ich unausgesetzt im Auge und beschloß, bei gegebener Gelegenheit den geeignetsten Gebrauch davon zu machen.

Sehr günstig traf es sich für mich, daß der Anfang der Theaterproben in der Regel in eine Stunde fiel, in welcher ich weder durch Amts- noch andere Geschäfte mich dringend in Anspruch genommen sah, — und hätten selbst solche Abhaltungen mir vorgelegen, mit kühner Hand würde ich ihre umstrickenden Netze zerrissen haben; denn ich hatte mir das unverbrüchliche Wort gegeben, die Schauspieler einmal zu beschleichen und ihnen in die Karte zu sehen. Die Proben begannen in der Regel Nachmittags vier oder fünf Uhr an den Tagen: Dienstag, Donnerstag, Freitag, — ich weiß nicht genau mehr, ob auch Sonntags. Goethe war im Kommen pünktlich; weit pünktlicher aber noch war ich. Eine halbe Stunde — es kann auch eine ganze gewesen sein — vorher, ehe sein Wagen angerollt kam, befand ich mich, der ich ohne Gefährde in's Haus sacht eingedrungen, in halb freudiger, halb banger Erwar=

tung der Dinge, die da kommen sollten, an meinem Platze, verhielt mich aber weit geräuschloser, als Goethe selbst bei seinem Eintreten und Sichzurechtsetzen that, wobei ich Anlaß, Aufforderung und Muße genug hatte, diverse moralische Betrachtungen und Untersuchungen bei und mit mir anzustellen, z. B. über den Unterschied eines guten und eines bösen Gewissens, wozu die dunkle, versteckte, vor der Hand aber für mich noch gar nicht lauschige Ecke, wo ich Posto gefaßt hatte, mich wie von selbst einlud. Inmittelst gab ich mir alle Mühe, so gut es gehen wollte, wieder in das rechte Gleichgewicht der Seele zu kommen und mein aufgeregtes Gemüth zu beschwichtigen.

So lange Goethe noch nicht da war, ging es oben auf der Bühne ziemlich munter her; das Kommen, das Auf- und Abgehen der Schauspieler und der anderen beim Ganzen beschäftigten Personen, die vorläufigen Arrangements, welche der Regisseur traf, um Alles in den erforderlichen Stand zu setzen, hatte Bewegung und Leben unter das Personal gebracht, und ich fühlte mich schon dadurch ganz gut unterhalten. Bei Goethe's Erscheinen trat plötzliche Ruhe ein, und jeder verfügte sich an seinen Platz. Der Regisseur — es war der alte wackere A. Genast — trat mit der

Frage an den Chef heran: „Befehlen Euer Excellenz, daß begonnen werde?" Auf Goethe's sonores: „Wenn's beliebt!" ging die Geschichte denn auch ohne Weiteres vor sich und nahm, mit mancherlei kleineren und größeren Unterbrechungen, ihren Fortgang. Gebe man sich nicht der Befürchtung hin, als haben diese Unterbrechungen mich unwillig gemacht: sie hatten für mich gerade ein besonderes Interesse. Ich blickte von meinem Stand- oder Sitzpunkte aus in aller Ruhe (denn diese hatte ich mir nun gewonnen, da ich bis daher so unangefochten gelassen worden war) in das Getriebe dieses so häufig noch stockenden Räderwerks, das sich vor meinen Augen auseinanderzuschieben angefangen hatte. — Wie ganz anders ging es da zu, als ich es späterhin in Proben bei einigen anderen Theatern gesehen, zu welchen mir, durch Vermittelung mir befreundeter Persönlichkeiten, der Zutritt gestattet worden war. Wie auffallend kontrastirte das Thun und Lassen der Herren Akteurs und der Frauen und Fräulein Aktricen dort mit dem der Goethe'schen Schüler und Schülerinnen! Man schien das Theater bei einer Probe für nichts Anderes zu halten, als für einen Konversationssalon, in welchem man seiner, mit mehr oder weniger Gleichgiltigkeit einander

zugeworfenen, bald stärker, bald leiser gesprochenen
Reden los und lebig zu werden eilte. Dabei be=
dienten sich die Herren und Damen ihrer Mäntel
und anderer Umhüllungen, um sich das lästige
Händespiel zu ersparen; das männliche Personal
behielt ohne Umstände seine Hüte auf dem Kopfe,
der weibliche Theil der Gesellschaft ihre Sonnen=
schirme in der Hand, um damit, je nach Laune
und Belieben, auf und über der Erde herumzu=
spielen. Sie glaubten sammt und sonders genug
zu thun, wenn sie, wie ein Schulknabe sein Pen=
sum, ihre Worte in monotonstem Geleier von sich
gaben. Waren sie mit dem jedesmaligen Auf=
treten fertig, so breheten sie sich, gleichgiltig und
froh, ihre Last abgeschüttelt zu haben, auf dem
Absatz herum und sagten damit der Scene Abieu,
wandelten auch wohl an der Seite derselben noch
einige Minuten, mit dem Nachbar heimlich plau=
dernd, auf und ab, oder liefen aus einer Koulisse
in die andere. Dieser licentia histrionalis heil=
same Schranken zu setzen, fiel den Regisseuren,
wenn die Leutchen es nicht gar zu arg und auf=
fallend machten, durchaus nicht ein, und so glaubte
man sich in einer Art Taverne, oder in einem
Taubenschlag zu befinden, wo ab= und zuflog, was
fliegen konnte oder wollte. — Da wären sie bei

unserem Goethe, in dessen Geist sein Genast han=
delte, schön angekommen! Der hielt auf Zucht
und Ordnung, und war ein Mann des Takts
und des Ziemenden, wie es nur einen geben
konnte. Wie hätte er also solches Unwesen dul=
den mögen! Er nahm und behandelte die Sache
sehr ernst, wie es mit der Kunst, so gut wie
mit der Wissenschaft und allem Würdigen im Le=
ben, genommen sein will, und darum durfte Keiner,
vom Regisseur bis zu dem letzten Statisten herab,
so frei sein, seine Pflicht nur obenhin zu thun
und sich gehen zu lassen, wie es ihm beliebte. —
Die Probe, welcher als unberufener Zuschauer
beizuwohnen ich mir die Ehre gab, war die von
Iffland's „Herbsttag." Das Stück selbst, das
eine Zeit lang vom Repertoir verschwunden ge=
wesen war, und daher neu einstudirt werden
mußte, langweilte — ich gestehe es unumwunden
— mich höchlich. Standhaft aber hielt ich aus,
bereuete auch meine Ausdauer keineswegs. Kurz
vor Goethe's Ankunft war von Genast, welcher
in dem Stück den Andres zu spielen hatte, dafür
gesorgt worden, daß die Scene geräumt und
einstweilen Alles für den ersten Auftritt vorberei=
tet war. Man hätte den Eifer und die Sorg=
falt sehen sollen, womit der bewegliche Mann sich

diesem Geschäft unterzog, und die Pünktlichkeit, womit ihm gehorcht wurde! — Der Anfang ließ nicht lange auf sich warten. Die Leute, das hörte man sogleich, hatten ihre Rollen gut gelernt oder vielmehr repetirt, und sprachen sie eben so geläufig und sicher, als mit richtigem Verständniß, ja sie nahmen sich, wollte mich bedünken, als ständen sie vor den Zuschauern. Möglich, daß sie die Nähe des Einen geahnet haben, der, von ihnen ungesehen, sie belauschte! — Goethe schenkte Keinem und Keiner etwas; bald hatte er zu erinnern, daß die und die Stelle zu schnell, bald daß sie zu langsam recitirt werde; bald rückte der Eine dem Andern zu nahe auf den Leib, bald hielt er sich von ihm zu fern; bald erfolgte der Abgang dieses Schauspielers zu hastig, bald nicht rasch genug, und sie mußten sich ohne Komplimente dazu verstehen, Alles, was er zu tadeln fand, nach seinem Willen zu machen. Graff, der den Landhausbesitzer Selbert zu geben und eine sehr starke Stimme hatte, erhob diese an einigen Stellen kräftiger, als es der Charakter dieses über alle Gebühr weichherzigen, weinerlichen, in einem breiten Gefühlsmeer schwimmenden Iffland'schen Vaters vertragen konnte; so in der Scene des ersten Akts mit seiner Schwiegermutter. „Mäßigung, Mäßigung, lieber Graff," rief Goethe ihm mit lauter und doch sanft warnender Stimme zu; „dieser Selbert muß als ein sehr leidenschaftloser, ruhiger Mann gehalten werden!" Derselbe Schauspieler hatte noch die Gewohnheit, den rechten Arm mit geballter Faust öfter auf den Schenkel fallen zu lassen; es beburfte nur der kurzen Erinnerung Goethe's, dieser Geste sich am unrechten Ort zu enthalten, um ihn für die Folge auf sich aufmerksamer zu machen. Die Beck als Frau Saaler, lebhaft wie sie war, wurde an manchen Stellen zu laut, scharf aufschreiend, und bewegte — unter Anderem in dem Auftritt des zweiten Aufzugs, wo sie sich über das Betragen des zurückgekehrten Fritz beschwert — den Kopf zu unruhig hin und her. Goethe machte ihr dieses Zuvielthun bemerklich; sie kam sofort zur Erkenntniß und wußte sich von da an besser zu beherrschen. Malkolmi's Licentiat Wanner, die behaglichste und amüsanteste, jedoch an gesuchten, unnatürlichen Uebertreibungen des Humors leidende Rolle in dem ganzen unerträglichen Thränenstück, verleitete ihn einigemal, die Worte stärker und rauher hervorzustoßen, sie wie polternd zu prononciren, was ihm Goethe bei den vorkommenden Fällen gelassen verwies. Uebrigens kann ich gar nicht sagen, mit welch' köstlicher Laune der alte Malkolmi spielte; es war eine wahre Lust, ihn zu beobachten. Sein „Gaudeamus igitur!" fühlte ich mich fast versucht mitzusingen. — Die Lortzing als Marie bekam bei einzelnen Stellen auch ihr Theil weg, worüber ich sie, der larmoyanten Rolle wegen, die sie auf dem Halse hatte, ordentlich bedauerte; sie verfiel ein paarmal in eine gedehnte Sprechmanier, die in späteren Jahren, wo sie die Bühne wieder betrat, noch hörbarer wurde, und Goethe unterließ nicht, diesen Fehler schonend zu rügen. Den meisten Spaß machte mir das launige Wort, das er an den allzulebhaften, hitzigen Peter-Unzelmann richtete, und worüber, hätte ich mich nicht voller Geistesgegenwart auf die Zunge gebissen, ich gewiß in lautes, herzhaftes Gelächter ausgebrochen wäre, das Wort: „Gemach, gemach! Es geht ja nicht in die Schlacht mit dem Peter, er soll ja keine Batterie stürmen. Warum denn so gar martialisch!" Es will nämlich dieser courageuse Peter dem ungetreuen Liebhaber seiner Schwester (einem Kerl, den ich ganz ruhig hätte laufen lassen) nach und ihn zurückbringen. Der Anfang der Schlußscene, wo die Landleute mit den Musikanten kommen, mußte zweimal probirt werden, ebe sie so glatt und rund ging, wie Goethe es haben wollte.

Als einen weit willkommneren Umstand durfte ich's betrachten, daß mich mein Glücksstern einstmals in eine Probe von „Romeo und Julia" führte. Das Meisterwerk Shakespeare's war nach Schlegel's Uebersetzung und nach Goethe's Bearbeitung einstudirt worden, und sollte nach längerer Pause jetzt wieder vorgeführt werden. Genast hatte heute alle Hände voll zu thun, da er außer den anstrengenden Regisseurgeschäften dieses Nachmittags auch noch mit der Rolle des Montague sich betraut sah, während ihm Malkolmi als sein Feind Capulet gegenüberstand. — Vielerlei Kürzungen und Zusammenziehungen — das läßt sich nicht in Abrede stellen —, sogar einige Gewaltthätigkeiten hatte sich das Stück gefallen lassen müssen, was mich jedoch nicht sehr afficirte, der ich mich nicht in der Eigenschaft und mit der Vollmacht eines ästhetischen Kritikers eingefunden, sondern froh genug war, unergriffen und unausgeliefert durch das Orchester geschlüpft zu sein, das ich diesmal zu meinem Schleichweg, und bei guter, noch dunkler Zeit, erkoren hatte. — Goethe hatte sich eingestellt und in der Herrschafts-Loge niedergelassen. Das Signal zum Beginnen ward gegeben. Vor Allem

hatte ich mich auf die beiden Wolff's, auf Unzel=
mann und die Engels (Romeo und Julia, Mer=
cutio und die Amme) gefreut; und ich fand mich
in meiner freudigen Erwartung nicht betrogen.
War es doch, als ob sie alle wie für ihre Rollen
gemacht und auserlesen wären, obwohl der alte
Genast beide Wolff's in den Titelrollen nicht so
hoch gestellt haben soll, als in anderen; was mir
nicht recht zu Sinne will. — Schade, daß der große
Brite nicht mehr lebte und das Vergnügen hatte,
mit mir kleinem Deutschen der Probe seiner herr=
lichen Dichtung beizuwohnen, von der Aufführung
gar nicht zu reden, die ich des nächsten Tags sehen
sollte. Ich glaube, er wäre nicht nur den vier Ge=
nannten, sondern auch manchem der anderen in sei=
nem Drama beschäftigt gewesenen Personen um den
Hals gefallen, und seinen Kollegen Goethe hätte
er sicher vor Begeisterung erdrückt; denn ihm
mußte er's doch vorzüglich danken, daß sein Werk
so brillant vor sich ging. Freilich würde der Eng=
länder es ihm zuvor recht übel genommen, sich
vielleicht mit ihm gezankt haben, daß er so eigen=
mächtig sogleich die erste Scene geändert, und da
einen selbstgedichteten Festgesang der das Haus
mit Guirlanden und Kränzen schmückenden Diener
eingelegt, wo im Original die beiden Bedienten

Capulet's, Simson und Gregorio, die Handlung einleiten. Ei, ei! Und was würde der große Todte als Lebender gesagt haben, wenn er nicht blos seine Gräfin Montague nicht wieder gefunden, sondern auch auf Merkutio's Erzählung von der Frau Mab gewartet, und sie — nicht zu hören bekommen hätte! — Doch, er würde, wenn der erste Aerger vorbei gewesen, im Fortgang des Ganzen das vergessen haben, und die Goethe=Umarmung wäre schließlich doch nicht ausgeblieben. Du lieber Himmel, was hätte er, wenn er es so genau hätte nehmen wollen, erst mit Schröder u. Comp. thun müssen, die noch viel schlimmer in seine Sachen hineingefahren und mit ihnen umgegangen sind! Denn ihm (Schröder) war, nach der sehr richtigen Bemerkung des Herausgebers seiner dramatischen Arbeiten — Eduard von Bülow — „das höchste Verständniß von Shakespeare's Kunst=schöpfungen nicht vergönnt," wie er auch „das nicht erkannte, worin Schiller groß, und daher ungerecht gegen ihn war, weil er nur seine Fehler sah, die gerade das Gegentheil dessen, was er an Shakespeare bewunderte."

Es war im Ganzen nur wenig, was Goethe an den Leistungen der Künstler auszusetzen fand. Der Amme empfahl er, „die Hände weniger un=

ruhig zu gebrauchen und eine weniger lächelnde
Miene anzunehmen;" Graff's Bruders Lorenzo
mitunter zu hohe Armbewegung wußte er durch
seine Erinnerung auf das richtige Maß zurückzu=
führen. Eine ganz besondere Sorgfalt wendete er
der Ball=Scene im ersten Akt zu, die nur erst nach
längerer Vorbereitung und Durchübung die ge=
wünschte Gestaltung annahm. Auch auf das Ein=
zelne und Einzelste richtete er seinen scharfen Blick.
So durften nicht zu viele der Gäste in dieser Scene
auf einmal aus demselben Eingang eintreten und
nicht zu rasch auf einander folgen; er duldete
nicht, daß die Masken sich zu weit nach vorn be=
wegten und zu gedrängt neben einander standen
und gingen. Keiner der handelnden Personen er=
laubte er, zu nahe an das Proscenium heranzu=
treten. Die Fechtscene zwischen Merkutio und Ty=
balt (Deny) ließ Goethe noch einmal, in verlänger=
tem Zeitmaße, vor sich gehen; denn er theilte mit
Wilhelm und Laertes im „Meister" die Ansicht,
daß man in solchen Scenen nicht, „wie es auf
Theatern wohl zu geschehen pflegt, nur ungeschickt
hin und wider stoßen dürfe." — So viel ist aber
gewiß, daß er auf Alles, auch das Kleinste, was
manche andere Intendanten gar nicht sehen oder
ehen wollen, sein Augenmerk richtete, wie er denn

auch darauf Obacht hatte, daß die Abgänge immer in würdigster Weise vor sich gingen. —

Lebhaft erinnere ich mich bei dieser Gelegenheit einer auf eine Theaterprobe von Egmont sich beziehenden Anekdote, die mir der Schauspieler Haide, den sie ganz eigenst betraf, persönlich mittheilte, und deren Referat ich nicht unterdrücken mag. Der genannte Künstler, der in dem Drama den Oranien gab, hatte in der Unterredung mit Egmont in der letzten Scene des zweiten Aufzugs es sich erlaubt, über die Gebühr leise zu sprechen, so daß er für entfernter Sitzende unverständlich werden mußte. Goethe hatte ihn eine Zeit lang gewähren lassen. Endlich des Dinges müde, sah er sich veranlaßt, an Haide in größter Ruhe die lauten Worte zu richten: „Ich möchte das, was ich vor dreißig Jahren geschrieben habe, denn doch auch hören!" Der Betroffene verbesserte flugs seinen Fehler.

———

Ueberaus selten verlor Goethe diese seine klassische Ruhe. Allein in einzelnen Fällen verließ sie ihn doch, und er wurde zum Zeus Kronion, zum Jupiter fulminans.

Von dem ganz unzweifelhaft allerstärksten Ausbruch des Zorns, der sich bei ihm Luft gemacht, giebt Lobe in seinem uns schon bekannten Buche kurzweiligste Kunde. Er erzählt von einem Hofmusiker, Eulenstein geheißen, wie derselbe, ein feuriger Liebhaber des Feuerwassers und zugleich Korrepetitor in Klavierproben, in einer solchen zu Turandot, wo er einige Märsche auf dem Instrument zu spielen hatte, zu welcher Arbeit er sich durch manch herzhaften Schluck aus seiner in der Nähe gehaltenen Flasche gestärkt, der Prinzessin, die ihre pathetische Rede:

„Wer ist's, der sich auf's Neu vermessen schmeichelt,
Nach so viel kläglich warnender Erfahrung —"

beginnen will, oder schon dazu angesetzt hat, rauschend musicirend in's Wort fällt und trotz mehrmaliger Versuche, die sie macht, ihrem Vortrag sein Recht zu verschaffen, ihr durch seinen stets zu früh einfallenden Marsch die Worte immer wieder abschneidet; wie nicht nur die in ihren Hoheitsrechten schändlich gekränkte Turandot diesen Frevel grausam übel nimmt und endlich das Schlachtfeld, auf welchem sie solche Niederlage erlitten, ingrimmig schnaubend verläßt, sondern auch dem mitanwesenden Goethe dieser Unfug zu bunt wird, und er mit Donnerstimme und „in majestätischem Rhythmus" aus der Herzoglichen Loge, wo er seinen Direktorial=Sitz aufgeschlagen, die Worte herabschmettert:

„Schafft mir doch den Schweinhund aus den Augen!"

Wie und warum dem Erzähler dieses theatralischen Abenteuers (der als noch junges Blut ihm leibhaftig mit beigewohnt, ja sich in selbiges mit hineinver=wickelt gesehen oder zu sehen geglaubt) die furcht=baren Worte des Gewaltigen in alle Glieder ge=fahren sind, ihn mit Zittern, Zagen und Entsetzen erfüllt und ihn in's Weite getrieben haben, — das muß man, will man sich einige vergnügte Minuten bereiten, bei ihm selbst nachlesen —

6.
Wie Goethe die Bühnenkräfte verwendete. — Das Zusammenspiel.

>Und eine Lust ist's, wie er Alles weckt
>Und stärkt und neu belebt um sich herum,
>Wie jede Kraft sich ausspricht, jede Gabe
>Gleich deutlicher sich wird in seiner Nähe!
>Jedwedem zieht er seine Kraft hervor,
>Die eigenthümliche, und zieht sie groß.
>   Schiller.

>Denn hier gilt nicht, daß Einer athemlos
>Dem Andern hastig vorzueilen strebt,
>Um einen Kranz für sich hinwegzuhaschen.
>   Goethe.

Goethe's Princip war es, namentlich angehende Künstler und Künstlerinnen auch als Statisten zu beschäftigen. Sie sollten von der Pike auf dienen, auf dem Theater vor allen Dingen mit Sicherheit, Anstand und Würde stehen und gehen lernen. Ja, selbst bewährte Kräfte gab er in dieser Rücksicht nicht frei, und legte ihnen in zweiter Reihe die Verpflichtung auf, im Schauspiel und in der Oper, wenn erforderlich, untergeordnete Rollen zu übernehmen, ohne Widerrede. So hatten Graff und Malkolmi in der Mozart'schen Oper Titus zwei Senatoren vorzustellen; dem ersteren war es sogar früher nicht erlassen worden, in der Zauberflöte sich den nach Papageno's Glockenspiel hüpfenden und tanzenden Sklaven des Sarastro einzureihen.*) Wolff hatte in der Oper: die theatralischen Abenteuer den lächerlich-karikirten Theaterschneider zu spielen — dieselbe Rolle, welcher vor ihm auch Vohs sich unterziehen mußte. (K. Eberwein a. a. O.) Seine Frau bekam, noch als Dlle. Malkolmi, im Schauspiel, wie in der Oper vollauf zu thun, im Kleinen und Kleineren, wie es sich eben machte und schickte und wie Goethe es aufzugeben beliebte: die Herzogin von Friedland darzustellen, einen Theil der Rollen der verstorbenen Neumann-Becker zu übernehmen, in der Oper größere und zweite und dritte Partien zu singen, unter jenen die Elvira in Don Juan. Ihr Vater, Malkolmi, gab in dem Kotzebue'schen Schauspiel: Rudolph von

---

*) K. Eberwein, a. a. O.

Habsburg die kleine Rolle eines alten Bürgers, Graff in Don Juan einen Gerichtsdiener, die Lortzing die Margaretha Kurl in Maria Stuart; Oels stellte in der Braut von Messina eine Zeit lang einen einfachen Ritter aus dem Gefolge des Don Manuel, einigemal auch den Boten Lanzelot vor. Dürand hatte Bedientenrollen mit zu spielen, einen Officier in Essex, einen Lohnlakei im Intermezzo, und umgekehrt mußten Sänger und Sängerinnen geringe Rollen im Drama übernehmen; so Moltke den Rittmeister Neumann in Wallenstein, den Chatillon in der Jungfrau von Orleans, den Herzog von Bretagne in Körner's Rosamunde, den Begler Bey in Zriny, einen jungen Maler in Bayard u. a. m., die Eberwein eine Bäuerin in Wilhelm Tell, die Constanze in Bayard, die Ismene in Phädra u. dgl.

Das Bühnenpersonal war aus ökonomischen Gründen auf die nur eben ausreichende Zahl beschränkt. Als ein besonders willkommener Umstand durfte es gelten, daß mehrere Mitglieder im Schauspiel und in der Oper zu verwenden waren, und nicht etwa nur als erträgliche und nachsichtig zu duldende Ausfüllsel, sondern als Leute, die den eigensinnigsten, hochgespanntesten Ansprüchen für beide Fächer vollkommen genügten: die Jage=

mann, Unzelmann, Deny, die Eberwein, die
Düranb u. s. w..

Es galt, die vorhandenen Kräfte abzuwägen,
einzutheilen oder, wie man will, auszutheilen, zu
vervielfältigen, um's Doppelte und Dreifache aus=
zubeuten und nutzbar zu machen. Dazu drängte
schon die Noth, diese große „Presserin" nicht blos
im Bühnenleben. So mußten sich denn manche
der Theaterherren und Damen, ohne Ansehen des
künstlerischen Ranges und Standpunktes, ohne
alle Umstände bequemen, in einem und demselben
Stück zwei, auch drei Personen zu machen. Graff
hatte, bevor der „Götz" selbst an ihn kam, im
ersten Theil des Goethe'schen Drama, wie es
früher gegeben wurde, den Barthel von Wanzenau
und zugleich den Ritter Max Stumpf zu geben,
desgleichen Düranb den Kaiser Maximilian, den
kaiserlichen Rath und einen Boten des heimlichen
Gerichts, Holdermann im Götz den Sickingen und
den Zigeunerhauptmann, Uschmann einen Boten
des heimlichen Gerichts, Reisigen der Adelheid und
den Peter von Blinzkopf. Unzelmann spielte den
Pfarrer Rösselmann und den Johann Parricida
in Wilhelm Tell; — und so ließ sich noch eine
ganze Liste solcher Double-Rollen wenigstens an=
fertigen.

Je nach Befinden ließ Goethe einzelne Individuen durch die Feuer- oder die Wasserprobe der Kunst gehen. Trägeren, phlegmatischeren Künstler-Naturen theilte er lebhafte, animirte, — allzu erregbaren, exaltirteren ruhigere, gesetztere Rollen zu. Er selber spricht sich, wie wir im vierten Kapitel sahen, über dieses sein Verfahren gelegentlich aus. Am meisten mochte er an Haide zu zügeln haben, dessen übergroße Lebendigkeit und Erregbarkeit ihn in manchen Fällen mehr, als gut war, fortriß, während Goethe beispielsweise an Dürand, bei welchem er inneres Feuer vermißte und „selbst jene Art von Enthusiasmus, der ihn aus sich selbst herausgetrieben, womit er dem Publikum sich aufgedrungen hätte, daß es ihn fühlen und anerkennen mußte" — zu Zeiten Rollen gab, die ihn zwangen, mehr aus sich herauszugehen.

Das Hauptbestreben Goethe's aber, dem er nie untreu, darin nie schlaff und nachlässig wurde, das er keinen Augenblick aus den Augen verlor, war auf die Herstellung einer schönen Einheit, eines harmonischen Ganzen der dramatischen

Vorführungen, eines abgerundeten Zusammen=
spiels der Künstler hin gerichtet. In der Er=
reichung dieses würdigen, großen Ziels besteht
vor Allem der Ruhm, der Vorzug und das Ver=
dienst der Weimarischen Mimen jener Zeit und
der Schule, in welcher sie herangezogen wurden.
Ihnen und ihr haben es darin keine der früheren,
und späteren (wenn man überhaupt von letzteren
reden kann) nicht nur nicht zuvorgethan, keine
von allen hat es in dieser Maße in's Leben
gerufen und gestaltet.

Fürwahr — das übereinstimmende Ineinander=
greifen Aller und das würdevolle schöne Maß der
Einzelnen bot ein Vollkommenes dar, wie es sich
ausgeprägter nicht denken läßt. Da herrschte
kein egoistisch gespreiztes Virtuosenthum, noch
schale Routine, noch widerlich elender Schlendrian;
— sie wurden nicht geduldet. Ein Geist beseelte
sie, hielt sie Alle zusammen: der Geist wahrer
Kunst, und der Größte unter ihnen fühlte, geleitet
und gemäßigt von der Meisterhand eines Goethe
und Schiller, sich erhoben in dem Bewußtsein,
Theil eines großen Ganzen zu sein, dem er sich
stolz=bescheiden unterordnete. Denn — wie das
Motto dieses Kapitels sagt —

Denn hier gilt nicht, daß Einer athemlos
Dem Andern hastig verzueilen strebt,
Um einen Kranz für sich hinwegzuhaschen.
— — Jeder bringt
Bescheiden seine Blume, daß nur bald
Ein schöner Kranz der Kunst vollendet werde.

Was Goethe seine Jünger hier schon, in dem Prolog vom 7. Mai 1791 zur Eröffnung des Weimarischen Theaters als Hoftheater, verkünden läßt, ist das Grundgesetz seiner Bühne geblieben. Sie alle mußten lernen ohn' Unterlaß — man denke an ihres großen Lehrers, dieses ächten überall selbst sehenden und hörenden Theater= lenkers, Didaskalien,*) seine Lese= und Theater= proben — ; und sie thaten es unverdrossen, sie thaten es begeistert. Dünkte ja er sich nicht für zu vornehm, mit seinen Schauspielern selbst noch zu lernen, an den Fortschritten seiner Lehrlinge „sich empor zu studiren, klarer über sein dramatisches

---

*) Von ihnen versichert er selber aus dem Jahre 1810: „Die Didaskalien wurden fortgesetzt, mit den geübtesten Schau= spielern nur bei neuen Stücken, mit den jüngeren bei frischer Besetzung älterer Rollen. Diese letzte Bemühung ist eigentlich der wichtigste Theil des Unterrichts; ganz allein durch solches Nachholen und Nacharbeiten wird ein ungestörtes En= semble erhalten."

Jeder Theaterdirektor sollte diese Worte sich über seine Thür, oder noch besser gleich in's Herz schreiben!

Kunstgeschäft zu werden," — wie er so offen bekennt. Müßte das nicht ein heiliges Vermächtniß heute noch sein? Man suche nach ähnlichem Bekenntniß, nach ähnlicher Erscheinung! Welche Hingebung an die Sache, welche unermüdliche Sorgfalt vom Kleinsten bis zum Größten! So war der Meister, — und welch ein Meister! So waren seine Kunstjünger. Was er Lothario in Wilhelm Meister sagen läßt: „Unglaublich ist, was ein gebildeter Mensch für sich und And're thun kann, wenn er, ohne herrschen zu wollen, das Gemüth hat, Vormund von Vielen zu sein, sie leitet, dasjenige zur rechten Zeit zu thun, was sie doch alle gern thun möchten, und sie zu ihrem Zwecke führt," — ist der Inbegriff seiner eigenen Werkthätigkeit als Lehrer der Seinen. Und wie Er, so — nach seinem Zeugniß — Schiller, der große Gefährte seiner, ihrer Bühne. — Ein Voßs, eine Corona Schröter, eine Christiane Neumann-Becker, eine Wolff, ein Becker, ein Wolff, ein Unzelmann, ein Oels, ein Genast und wie sie alle heißen, die Besten, pflügten erst emsig, säeten fleißig und sorgsam, bevor sie ernteten und ernten konnten, zu Ehren der heil'gen Kunst, deren Ideal sie im Busen trugen, an deren Altar sie als ächte Priester und Priesterinnen ehrfürchtig opferten. „Keiner" — läßt Goethe in seinem Prolog bei Eröffnung der Darstellungen des Weimarischen Hoftheaters in Leipzig (14. Mai 1807) durch den Mund der Wolff sie sagen —

> Keiner ist von uns, der sich vollendet,
> Der sein Talent für abgeschlossen hielt;
> Ja, Keiner ist, der nicht mit jedem Tage
> Die Kunst, mehr zu gewinnen, sich zu bilden,
> Was unsere Zeit und was ihr Geist verlangt,
> Sich klarer zu vergegenwärtigen strebte.

Ihr schlichtes, offenes und redliches Künstler-Glaubensbekenntniß war dies, das sie treulich festhielten und bethätigten. Und wie sie kein Selbstgenügen kannten und kennen durften, sondern Hand in Hand immer rastloser und unermüdeter vorwärts strebten und drangen; wie sie, von dem starken Willen, dem klaren Geist ihrer beiden Führer, Goethe und Schiller, geleitet und zur Verkörperung des Ideals stetig emporgehoben, sich wechselsweise hielten und trugen, einander anfeuerten, ein hochgebildetes Publikum theilnehmend und empfänglich um sich, den Beifall der Besten im Auge; wie sie sich zu „beschränken" wußten und in dieser Beschränkung erst „den Meister zeigten": — stellten sie den Jüngeren und Geringeren, die sich an ihrer Seite heranbildeten und in ihnen

die Ersten unter Gleichen wußten, ein würdig
Muster der Nacheiferung hin. So entstand und
blühete jenes Zusammenspiel, jenes unvergleichliche
Ensemble, in welchem jeder das voraus gründ=
lich Gelernte, in sich Aufgenommene und Verar=
beitete künstlerisch=harmonisch ausgeprägt, mit
Sicherheit und Freude bot, nicht für sich in eitler
Ueberhebung, sondern zum Ganzen, als dessen die=
nendes Glied. Ein Ensemble, — nicht von Mit=
telmäßigkeiten, sondern mit großen Kräften, mit
seinen Pfeilern, Spitzen und Zierden, gleich einem
schönen, in frischer Mannigfaltigkeit symmetrischen
Tempel; ein beseelter, in allen Abstufungen ein=
heitlicher Organismus, ein reiches, wohlgruppirtes
Bild mit ausgesprochenster, entschiedenster Charak=
tereigenthümlichkeit einer jeden Figur im Vorder=
und Hintergrund, von denen keine die andere be=
einträchtigte, oder aus dem Rahmen heraustrat.
(Goethe selbst sagt: „Die Weimarischen Schau=
spieler gelten am mehrsten, wenn sie mit ein=
ander wirken.")

———

Das Alles — wäre es etwa ein unberechtig=
tes Erheben der Vergangenheit auf Kosten der
Gegenwart? Mit nichten! Ich bin wahrlich der

Letzte, der das Gute mißkennt, was auch sie, die Gegenwart, in der Kunst im Allgemeinen und Besonderen besitzt. Wie dürfte aber diese kleine deutsche Bühnengegenwart — das Pygmäenthum epigonischer Armuth und Schwäche im großen Ganzen — es wagen wollen, sich jener Vergangenheit nahe oder an die Seite zu stellen? — Das Alles aber nahmen die Weimarischen Schauspieler als ihr würdig errungenes Eigen mit auf die künstlerische Wanderung. Sie trugen es, wie nach Lauchstädt und Leipzig, auch in die Schwesterstadt Halle hinüber. Sie befestigten sich dort, prüften und stählten ihre Kraft in anderer Umgebung, ebenmäßig vor einem „auserlesenen Publikum, das nichts als vortreffliche Sachen wollte." Sie schufen auch dort eine zweite Pflanzstätte für die Kunst, erkennend und erkannt, gebend und empfangend, belohnend und belohnt. Beiden Theilen gebührte Ehre, und man erwies sie sich; hier der Künstler, dort der Kunstfreund, einer bedingte den andern. „Ihr gebt uns Muth, wir wollen Freude geben," — in diesen Worten Goethe's aus seinem Leipziger Prolog lag der Kern der Wechselbeziehung. Bescheidene und zugleich bezeichnende Worte! Auch da, in der heimischen Fremde theilte — nach des Dichters weiterer

Aussage — „der Bühne schön Bemühen der Künstler mit dem Freund der Kunst so gern." Und so trug sich ein schönes Verhältniß auch auf die gesellige Sphäre hinein, wie in Weimar; es stützte sich auch da auf wahrste gegenseitige Achtung. Die Weimarischen Künstler spielten nicht blos auf der Bühne eine Rolle. —

Wir ziehen ihr nun nach im Geist, der Weimarischen Wanderbühne, wie ich leiblich mit ihr einigemal gezogen bin. Ich hoffe, es wird dieses Mitwandern uns nicht gereuen.

7.
Aus den Wanderjahren des Weimarischen Theaters.
(Lauchstädt und Halle.)

Bleibe nicht am Boden heften,
Frisch gewagt und frisch hinaus!
Kopf und Arm mit heitern Kräften,
Ueberall sind sie zu Haus!
      Goethe.

Ein Stück Wanderleben ist's, was ich euch darbieten möchte und freilich nur fragmentarisch kann. Vorerst ein flüchtiger historischer Rückblick.

Seine Lehrjahre hatte das Weimarische Theater theils unter Direktor Bellomo, theils unter Goethe, seit er die Leitung übernommen, bestanden, und tüchtig, denk' ich. Die Wanderjahre, die in jene noch hinüberreichten, schenkten er und sein großer fürstlicher Freund Karl August dem nunmehrigen,

aus der Bellomo'schen Gesellschaft hervorgewach=
senen, seinen Ursprung nicht verleugnenden Hof=
theater mit nichten. Hinaus in die nähere oder
weitere Fremde schickten sie es: nach Erfurt, Ru=
dolstadt, später (1807) auch nach Leipzig, am
liebsten und öftersten aber nach dem Badestädtchen
Lauchstädt bei Merseburg, zuerst am 10. Juni
1791 — Bellomo hatte die Seinen schon früher
mehrmals dahin geführt — zu Nutz und From=
men der wirthlichen Stätten und ihrer Nachbar=
schaft, wie zu eigenem, damit auch so das im
Stillen gebildete Talent im Strom der Welt zum
Charakter werde.

Man würde eine wesentliche Charakterseite und
Eigenschaft des berühmten Kunstinstituts übersehen
oder mißkennen, wollte man die Einflüsse der
Fremde auf seine fortschreitende Entwickelung und
auf seine sichere Reise nicht erheblich in das Mittel
ziehen. Jene Wanderungen hinaus in das Leben
bilden ein kulturgeschichtliches Element und Mo=
ment für die Bühne Goethe's und Schiller's, eine
Epoche im eigenen Leben dieser Bühne, tiefgrei=
fend und von höchster Bedeutung. Wir fühlen
uns hierbei an Goethe's Wort gemahnt: „In
der Schmiede erweicht man das Eisen, indem man
das Feuer anbläst und dem Stabe seine über=

flüssige Nahrung nimmt; ist er aber rein geworden, dann schlägt man ihn und zwingt ihn, und **durch die Nahrung eines fremden Wassers wird er wieder stark**. Das widerfährt auch dem Menschen von seinem Lehrer."

Goethe nennt es (Tag= und Jahreshefte) in einfach gewichtigen Worten „einen großen Vortheil" der Gesellschaft, Sommers in Lauchstädt zu spielen. „Ein neues Publikum" — fügt er hinzu — „aus Fremden, aus dem gebildetsten Theile der Nachbarschaft, den kenntnißreichen Gliedern einer nächstgelegenen Akademie und leidenschaftlich fordernden Jünglingen zusammengesetzt, sollten wir befriedigen. Neue Stücke wurden nicht eingelernt, aber die älteren durchgeübt, und so kehrte die Gesellschaft mit frischem Muthe nach Weimar zurück." Er kommt dort kurz nachher noch einmal, und später wieder (1826) in einem Gespräch mit Eckermann darauf zurück.

Der so gebahnte Weg sollte, beiden Theilen erfreulich und ersprießlich, wieder betreten werden. Und er ward es manchen Sommer hindurch. Gleich Zugvögeln lenkte die Gesellschaft ihre Schwingen der heimathlichen Ferne zu, innig begrüßt, gastlich aufgenommen, Freude bringend, ein neues frohbewegtes Leben schaffend, — nur nicht von und bei jenem wackern Wirth „zum kalten Hasen," der — wie die weitverbreitete Anekdote erzählt, die ich hier nicht austreten mag — beim Herannahen des Häufleins seinen Leuten aus ungewaschenem Munde zurief: „Thut die Wäsche weg; die Bande kommt!"*)

Wem es doch vergönnt gewesen wäre, all' dieses Lauchstädter Wanderthum und was daran sich knüpft, miterlebt zu haben, vergönnt wäre, schildern zu können, wie es war in seinen vielgegliederten Einzelerscheinungen, seiner Gesammtheit, seinen außerordentlichen Einflüssen! Wir hätten ein Bild vielleicht ohne Gleichen in seiner Art. Wohl dürfen wir es der Seele und dem Haupte dieser einzigen „Bande" glauben, wenn er, im Hinblick auf jene Gesammtheit, aus dem Jahr 1795 versichert: „Daß unsere Schauspieler in Lauchstädt, Erfurt, Rudolstadt von dem verschiedensten Publikum mit Freuden aufgenommen, durch Enthusiasmus belebt und durch gute Behandlung in der Achtung gegen sich selbst gesteigert wurden, gereichte nicht zum geringen Vortheil unserer

---

*) Der Auftritt ging vor sich 1802, nach der Meldung eines glaubwürdigen Zeugen, des Musikdirektors (damaligen Flötisten) Karl Eberwein, in dem angeführten Aufsatz in Kühne's „Europa."

Bühne und zur Anfrischung einer Thätigkeit, die, wenn man dasselbe Publikum immer vor sich sieht, dessen Charakter, dessen Urtheilsweise man kennt, gar bald zu erschlaffen pflegt." Und nicht minder glauben wir es ihm, wenn er „unsere" im Jahre 1798 nach Lauchstädt ziehende Gesellschaft „gar löblich ausgestattet" nennt. Das Beste dieser Ausstattung war sein Werk und bald auch das Schiller's, dessen Theilnahme, wie überhaupt, so am Theater dem großen Freunde für „die innigste und höchste" galt.

Im Jahre 1802 durfte Goethe mit Genugthuung bekennen: „Auf einen hohen Grad von Bildung waren schon Bühne und Zuschauer gelangt." Und diesem Wort steht erklärend zur Seite das andere: „Ein Theater, das sich mit frischen, jugendlichen Subjekten von Zeit zu Zeit erneuert, muß lebendige Fortschritte machen; hierauf nun war beständig unser Absehen gerichtet." Welche treffliche, rastlos strebende Jünger (wir werden ihrer so manche bald näher kennen lernen) hatten sich nach und nach um beide Männer geschaart, sich und den Meistern zur Ehre! Welche friedliche

Eroberungen machten sie Beide an der Spitze eines solchen geschulten und begeisterten Heeres auch dort in der Ferne! Und wenn sie nicht immer in Person es anführten, — ihr Geist ruhete auf ihm, und für einen gar wackern Unterfeldherrn war gesorgt: Anton Genast, der Großmeister aller Regisseure, wußte, was sie wollten, und was er zu wollen hatte, wie in in der ersten Heimath, so da draußen, und hier doppelt. Bereits aus dem Jahre 1803 meldet Goethe von Lauchstädt, wohin er an der Spitze der Seinen gezogen war: „Ehe ich abreiste, sah ich noch mit Freuden, daß unser theatralisches Ganzes sich schon von selbst bewegte und im Einzelnen nichts nachzuhelfen war, wobei freilich die große Thätigkeit des Regisseurs Genast gerühmt werden mußte." Der hatte in der That Auge, Ohr und Herz auf der rechten Stelle. — Wir dürfen — Goethe's zu geschweigen — auch bei ihm rufen: „Ist kein Dalberg da?"

Den Lauchstädter Einzug hielten sie, die da wirkten und schufen, anfangs und zu wiederholten Malen in eine niedrige, enge, ja unwürdige Kunststätte, von den Halle'schen Studenten mit dem Titel: „Schafhütte" beehrt, durch deren Dach der Regen freien Zutritt sowohl auf die Bühne und

in die Garderobezimmer, als auch auf die Zu=
schauerplätze hatte.*) Auch den bescheidensten An=
forderungen, selbst der damaligen unverwöhnten
Zeit, konnte diese Hütte nicht genügen, wie viel
weniger dem Schönheitssinn Goethe's! Hören wir
seine anschauliche und anziehende Schilderung des=
sen, was war, wie es war, und was wurde.

„Die Lauchstädter Bühne war von Bellomo
so ökonomisch als möglich eingerichtet. Ein paar
auf einem freien Platz stehende hohe Bretergiebel,
von welchen zu beiden Seiten das Pultdach bis
nahe zur Erde reichte, stellten diesen Musentempel
dar; der innere Raum war der Länge nach durch
zwei Wände getheilt, wovon der mittlere dem
Theater und den Zuschauern gewidmet war, die
beiden niedrigen, schmalen Seiten aber den Gar=
deroben. Nun aber, bei neuerer Belebung und
Steigerung unserer Anstalt, forderten sowohl die
Stücke als die Schauspieler, besonders aber auch
das Hallesche und Leipziger theilnehmende Publi=
kum, ein würdiges Lokal.

*) Der von Pasqué im 2. Bande seines Buches:
„Goethe's Theaterleitung," S. 152. ff. mitgetheilte klagende
Brief Becker's an Kirms verdient darüber gelesen zu werden.
Er enthält auch anderes Interessante, so die Kirschkernkano=
naden-Geschichte der Halle'schen Studenten gegen Madame
Schlanzowsky.

Der mehrere Jahre lang erst sachte, dann lebhafter betriebene Schloßbau zu Weimar rief talentvolle Baumeister heran, und, wie es immer war und sein wird: wo man bauen sieht, regt sich die Lust zum Bauen. Wie sich's nun vor einigen Jahren auswies, da wir, durch die Gegenwart des Herrn Thouret begünstigt, das Weimarische Theater würdig einrichteten, so fand sich auch diesmal, daß die Herren Genz und Raabe (aus Berlin) aufgefordert wurden, einem Lauchstädter Hausbau die Gestalt zu verleihen.

Die Zweifel gegen ein solches Unternehmen waren vielfach zur Sprache gekommen. In bedeutender Entfernung, auf fremdem Grund und Boden, bei ganz besonderen Rücksichten der dort Angestellten, schienen die Hindernisse kaum zu beseitigen. Der Platz des alten Theaters war zu einem größeren Gebäude nicht geeignet, der schöne, einzig schickliche Raum strittig zwischen verschiedenen Gerichtsbarkeiten, und so trug man Bedenken, das Haus dem strengen Sinn nach ohne rechtlichen Grund aufzuerbauen. Doch von dem Drang der Umstände, von unruhiger Thätigkeit, von leidenschaftlicher Kunstliebe, von unbesiegbarer Produktivität getrieben, beseitigten wir endlich alles Entgegenstehende; ein Plan ward entworfen, ein Modell der eigentlichen Bühne gefertigt, und im Februar (1802) hatte man sich schon über das, was geschehen sollte, vereinigt. Abgewiesen ward vor allen Dingen die Hüttenform, die das Ganze unter ein Dach begreift. Eine mäßige Vorhalle für Kasse und Treppen sollte angelegt werden, dahinter der höhere Raum für die Zuschauer emporsteigen, und ganz dahinter der höchste für's Theater.

Viel, ja Alles kommt darauf an, wo ein Gebäude stehe. Dies ward an Ort und Stelle mit größter Sorgfalt bedacht, und auch nach der Ausführung konnte man es nicht besser verlangen. Der Bau ging nun kräftig vor sich; im März lag das akkordirte Holz freilich noch bei Saalfeld eingefroren; dessenungeachtet aber spielten wir den 26. Juni (1802) zum ersten Mal. Das ganze Unternehmen in seinem Detail, das Günstige und Ungünstige in seiner Eigenthümlichkeit, wie es unsere Thatlust drei Monate lang unterhielt, Mühe, Sorge, Verdruß brachte, und durch Alles hindurch persönliche Aufopferung forderte, dies zusammen würde einen kleinen Roman geben, der als Symbol größerer Unternehmungen sich ganz gut zeigen könnte.

Nun ist das Eröffnen, Einleiten, Einweihen solcher Anstalten immer bedeutend. In solchem Fall ist die Aufmerksamkeit gereizt, die Neugierde gespannt und die Gelegenheit recht geeignet, das Verhältniß der Bühne und des Publikums zur Sprache zu bringen. Man versäumte daher diese Epoche nicht, und stellte in einem Vorspiel auf symbolische und allegorische Weise dasjenige vor, was in der letzten Zeit auf dem deutschen Theater überhaupt, besonders auf dem Weimarischen geschehen war. Das Possenspiel, das Familiendrama, die Oper, die Tragödie, das Naive, sowie das Maskenspiel producirten sich nach und nach in ihren Eigenheiten, spielten und erklärten sich selbst, oder wurden erklärt, indem die Gestalt eines Merkur das Ganze zusammenknüpfte, auslegte, deutete.

Die Verwandlung eines schlechten Bauernwirthshauses in einen theatralischen Palast, wobei zugleich die meisten Personen in eine höhere Sphäre versetzt worden, beförderte heiteres Nachdenken.

Den 6. Juni begab ich mich nach Jena und schrieb das Vorspiel („Was wir bringen") ungefähr in acht Tagen; die letzte Hand ward in Lauchstädt selbst angelegt, und bis zur letzten Stunde memorirt und geübt. Es that eine liebliche Wirkung und lange Jahre erinnerte sich man-

cher Freund, der uns dort besuchte, jener hochge=
steigerten Kunstgenüsse." —

So hatte sich mit dem Jahre 1802 ein neues
großes Leben an jener kleinen Stelle aufgethan,
die Hütte in einen Kunsttempel sich verwandelt,
an dessen Aufbau, wie uns anderwärts gemeldet
wird, Goethe auch die selbsteigene körperliche Hand
mit angelegt. Er sägte, gleich einem rüstigen Ge=
sellen, im Schweiße seines Angesichts zu rascherer
Förderung des Werks, noch kurz vor dem Aufziehen
des Vorhangs lustig mit.

Denke man sich indeß unter jenem Kunst=
tempel keinen Palast. Ach! auch er war recht
bescheiden, bescheidener, wie die kleinste unserer
jetzigen stehenden Bühnen im Aeußern wie im
Innern, und fast rührend klingt es heut', wenn
Goethe in seinem Vorspiel den Götterboten sagen
läßt:

Gesprengt ist jene Raupenhülle, neu belebt
Erscheinen wir in dieses weiten Tempels Raum.

Aber gemüthlicher, traulicher als das Lauchstädter
kenne ich keines, außer dem alten Theater Wei=
mar's, das nicht mehr ist; nur daß dieses etwas
ansehnlicher, reicher war, wenn man es so nennen
will. — mit beiden im Bunde das Halle'sche, das

auch war: — ein Dreiblatt klassischer Kunst=
stätten, glänzender als alle unsere heutigen Pracht=
gebäude.

Am 20. Juni 1802 war die Gesellschaft nach
Lauchstädt gegangen, am 23. Goethe ihr nachge=
folgt, am 26. geschah, wie gedacht, die feierliche
Eröffnung des neuen Hauses mit dem genannten
Vorspiel und mit „Titus" von Mozart. Tags
darauf wurde das Vorspiel mit den „Brüdern"
von Terenz wiederholt.

Da ich, der ich nicht von der Partie war,
nicht selbst als Augenzeuge beschreiben kann,
so mag der beste Gewährsmann reden: der alte
Anton Genast (nach den Mittheilungen seines
Sohnes). Der Eröffnungsakt ist denkwürdig genug.
Von Leipzig, Halle, aus der ganzen Umgegend
strömte man herbei, um dieser Einweihungsvor=
stellung beizuwohnen. Leider konnte das Haus die
große Zahl der Zuschauer nicht fassen und die
Thüren nach den Korridors, ja selbst die äußeren
Thüren mußten geöffnet werden, so stark war der
Andrang; die armen Leute, welche da ihren Platz
genommen, konnten freilich nichts sehen, aber

Alles hören, denn die Wände des Theaters waren so dünn, daß man jedes Wort, was auf der Bühne gesprochen wurde, auch außer dem Hause verstehen konnte. Damit kein Unberufener sich zu jenen Außenstehenden gesellen konnte, hatte man zwanzig Mann Sächsische Dragoner aus dem nahegelegenen Schafstädt von der Behörde erbeten, die mit gezogenem Säbel das Theater umstellten. Goethe hatte seinen Platz auf dem Balkon genommen. Nach dem Vorspiel brachte das Publikum Goethe ein dreimaliges Hoch! indem es sich erhob und seine Blicke nach ihm richtete. Er trat vor und sprach: „Möge das, was wir bringen, einem kunstliebenden Publikum stets genügen." Nach diesen Worten zog er sich zurück und kam auf die Bühne, um dem Personal seine Zufriedenheit auszudrücken. — Das Vorspiel sowohl, wie die Oper Titus wurde von dem Publikum mit enthusiastischem Beifall aufgenommen; besonders zeichnete man die Jagemann aus, die den Sextus mit wahrer Meisterschaft sang und spielte. — Lauchstädt war — fügt unser alter Genast noch bei — vom letzten Decennium des vorigen Jahrhunderts bis zum Jahre 1809 ein sehr stark besuchtes Modebad. Der reiche Sächsische Adel, so wie die ersten Familien des Leipziger Gelehrten= und Kaufmanns=

standes bildeten die Spitze der Gesellschaft. Goethe fühlte sich einige Zeit ganz behaglich in dem Treiben; seine Freunde von Leipzig und Halle besuchten ihn, und er erwiederte ihre Aufmerksamkeit.

Die Gesellschaft gab 35 Vorstellungen, darunter: Wallenstein's Lager, die Piccolomini, Wallenstein's Tod, Tankred, Turandot, Alarcos, Jon, Maria Stuart, die Räuber (unter dem Titel „Carl Moor"), Mahomet, der Bürgergeneral, Nathan, der deutsche Hausvater (von Gemmingen), Don Carlos, Iphigenia, zum Schluß am 12. August das Mädchen von Marienburg, von Kratter. (Wallenstein's Tod und Jon mußten auf Verlangen wiederholt werden). Dann begab man sich nach Rudolstadt zu Vorstellungen während des damals berühmten Vogelschießens, vom 17. August bis 20. September.

Das neue Haus, das mit ihm eingezogene neue Leben steigerten Geschäftigkeit, Anforderungen und Theilnahme. Man wuchs mit seinen größeren Zwecken. Gleich das nächste Jahr (1803) brachte Zuwachs an Reichthum und Entfaltung. „Mit einem schon früher auslangenden und nun frisch bereicherten Repertorium" — sagt Goethe — „kamen wir wohl ausgestattet nach Lauchstädt. Das

neue Haus, die wichtigen Stücke, die sorgfältigste
Behandlung erregten allgemeine Theilnahme. Die
Andria des Terenz, von Niemeyer bearbeitet,
ward, wie die Brüder, mit Annäherung an's
Antike aufgeführt. Auch von Leipzig fanden sich
Zuschauer; sie sowohl als die von Halle wurden
mit unseren ernsten Bemühungen immer mehr
bekannt, welches uns zu großem Vortheil ge=
dieh."

Die Vorstellungen des Jahres 1803 — deren
vierzig — umfaßten einen Zeitraum von gerade
zwei Monaten: 11. Juni bis 11. August. Man
begann mit der „Braut von Messina" und schloß
mit „Clavigo."

Der neunte Mai 1805 entriß Schiller der
Welt und seinem Goethe. Erschüttert, verein=
samt, empfand dieser die erste reine Freude wieder,
als der große Gelehrte, Friedrich August Wolf
aus Halle, wenige Wochen nach dem Hingang
des noch größeren Freundes, Einkehr bei ihm in
Weimar nahm. Auf dem Weg nach Halle zum
Gegenbesuch bei dem werthen Manne im Sommer
desselben Jahres beglückte Goethe sein liebes

Lauchstädt und seine lieben Kunstjünger, die dort abermals in dem „weiten" Tempel spielten, mit seiner Gegenwart, theils um Geschäftliches in Theatersachen abzuthun, theils um mitzuschauen und zu genießen. „Das Repertorium" — ver= kündet er — „enthielt so manches dort noch nicht gesehene Gute und Treffliche, so daß wir mit dem anlockenden Worte: zum ersten Male gar man= chen unserer Anschläge zieren konnten." Die meisten der gegebenen Stücke führt er in den Tag= und Jahresheften auf, und bemerkt, daß mit dem Lied von der Glocke die Vorstellun= gen geschlossen worden seien „als ein werthes und würdiges Andenken des verehrten Schiller, da einer beabsichtigten eigentlichen Feier sich mancher= lei Hindernisse entgegenstellten." — Scheiterte ja, wie wir wissen, der Vorschlag des Hofraths Becker, auf Deutschlands bedeutenderen Bühnen Todten= feiern Schiller's zum Vortheil seiner Hinterblie= benen zu veranstalten, an den ausgebrochenen Kriegsunruhen.

Lauchstädt's Bühne war die erste, die das Gedächtniß des großen Todten feierte, wenigstens eine der ersten. Und auch deshalb dem Andenken Lauchstädt's selbst Ehre! — Das Lied von der Glocke, in Weimar zur Lauchstädter Darstellung

W. G. Gotthardi, Weimarische Theaterbilder. I. 9

bereits vorbereitet, wurde den 10. August 1805 (Sonnabend) von sämmtlichen Schauspielern mit Goethe's Epilog und den vorausgegangenen drei letzten Akten von „Maria Stuart", und dann auf Verlangen mit dem „Parasit" am 19. August (Montag), nach Goethe's Einrichtung dramatisch aufgeführt.

Es kann hier nicht Absicht und Zweck sein, eine Geschichte der Wanderjahre des Weimarischen Theaters in Lauchstädt und Halle zu geben, so anziehend und lohnend auch Aufgabe und Ziel sind. Blos einzelnes Hervorragende wollte und durfte ich bieten, als Einleitung der kleinen Schilderung des wenigen dort Selbsterlebten.

Das letzte Jahr Lauchstädt's und das letzte Jahr Halle's sind es, denen meine eigene, durch spätere Mittheilungen von außen vervollständigte und gestärkte Rückerinnerung gilt. Sie beziffern sich mit 1811 und 1814. In das erste Jahr fällt noch ein Stück Halle'sches Leben.

Am 17. Juni 1811 hatte das Theater in Weimar mit Iphigenia auf Tauris geschlossen.

Nun regte es sich gar munter und lustig im

Schooß der ganzen Künstlergesellschaft, einschlüssig der Hofkapelle, von welcher regelmäßig über die Hälfte Theil nahm, zum Anschicken für die Wanderung. Die Vorbereitungen hatte Goethe im Verein mit Hofkammerrath Kirms, seinem ökonomischen, und Genast, seinem artistischen Direktor, wie immer fürsorglich getroffen. Und das war kein Geringes, wenn auch Sache bewährter Praxis und Routine. Und es muß wahr sein: bessere Adjutanten als diese Beiden, jeder in seinem Fach, hat nie ein General gehabt. Diesmal galt es einem doppelten Ziel: Lauchstädt und Halle. Gemeinsam brach die Gesellschaft am 19. Juni zu ihrem friedlichen Feldzug in Freundesland auf.

Jenem Ziel mit zuzusteuern, sollte auch mir vergönnt sein.

———

Die Natur prangte im schönsten Farbenkleide, als die Weimaraner ausrückten, in der heitersten Seelenstimmung eines jovialen Künstlervölkchens fürbaß und in ihre liebes Lauchstädt einzogen. War ja überhaupt das Jahr Elf, das berühmte des großen Kometen und des Weins, eines der köstlichsten! Die Badesaison in vollem Gange, ein reges Leben überall; und es sollte nun noch reger werden, seinen Glanzpunkt erst ersteigen. Die Kriegsstürme hatten ihre wilden Wogen in dies Thal heiterster Geselligkeit nicht gewälzt. So durften Kunst und Künstler freudiger Aufnahme, wie ungestörter Wirksamkeit wiederum gewiß sein. Und so geschah's.

Bevor ich euch, liebe Leser, in die klassische Stätte dieser Wirksamkeit einführe, ist es nothwendig und natürlich, den Schritt zu ihr hin zu lenken. Lauchstädt erfreut sich gar netter Badeanlagen; jetzt werden sie sich erweitert und modern verschönert haben. Auch damals schon — ich sah sie und das „Haus" später, vor langen Jahren, wieder — waren sie, bei aller Einfachheit, geschmackvoll, freundlich und heiter. Die breite Hauptpromenade, von stattlichen Baumgruppen und Gebüsch, rechts von einem frischen Teichgewässer umsäumt, mündet an ihrem Ende zur Rechten in einen schmäleren Seitenpfad ein, der sanft ansteigend zwischen schattiger Waldung bequem hinführt. So war es wenigstens ehemals. Nicht lange, und wir stehen am Ziel unseres Gangs: ein nicht besonders augenfälliges, mäßig großes, nettes Gebäude, der Form des Oblongums folgend, lacht uns aus blühenden und grünenden Umgebungen anheimelnd entgegen. Wir stehen vor dem Theater, demselben, das wir früherhin aus der Bellomo'schen „Raupenhülle" zum Schmetterling entpuppt emporsteigen sahen. Den zarten bunten Staub auf die kleinen Flügel muß unsere Phantasie streuen, sonst sind sie schmucklos. — Wie beredt spricht er zu uns, der schlichte Tempel mit seiner stillen Größe, die nicht in seinem räumlichen Umfange, die anderswo liegt! Die Schöpfung Goethe's, bei der Schiller Pathenstelle vertrat, — eine von den Musen gefei'te Stätte.

Ihr Inneres so zu zeigen, daß das Auge klar erkenne, vermag ich kaum. Der Blick der Jugend, der mit Entzücken auf der Scene ruhete, die Bilder schauete, wie sie da gaukelten, vergaß zumeist die Umgebungen; ihre Welt, die „den Sinn gefangen hielt" und schärfte, nicht verbarb, war die Bühne, die hellerleuchtete; der kleine schmucke Saal mit dem ziemlich schmalen Orchesterraum und dem aus einer Reihe von zehn bis zwölf Bänken gebildeten Parterre u. s. w., trat zurück. Der ganze Zuschauerraum bestand, nach des alten Genast Angabe,*) eigentlich nur in einem großen Saal, welcher in drei Abschnitte

---

*) Bei Ed. Genast, „Aus dem Tagebuche eines alten Schauspielers."

getheilt war; den ersten, der die größere Hälfte bildete, und an das Orchester stieß, nannte man Parquet, den zweiten Parterre und den dritten „letzten Platz." Ueber diesem letzten Platz erhob sich ein halbrunder Balkon, auf welchem ungefähr sechszig Personen sitzen konnten. — Die Breite der Bühne mochte kaum beträchtlicher sein, als die eines unserer heutigen größeren Sommer- oder Tivoli-Theater, und so auch ihre Tiefe. Ein einfacher rother goldverzierter Vorhang, hübsche Dekorationen, die in ihrer Anspruchslosigkeit ihrem Zweck entsprachen, — bargen und umgaben die Menschen, die, nach beglaubigtem Zeugniß jeglicher Ueberlieferung, mit der einfach zwingenden Gewalt ihrer Kunst das Herz rührten, den Geist bewegten und zu ungemachtem Beifall hinrissen.

Die Vorstellungen in Lauchstädt, und dieses Jahr auch in Halle, begannen um fünf Uhr Nachmittags. Im Jahr 1805 hatten sie zum Theil (von der ersten Aufführung der „Glocke" an) schon um vier Uhr begonnen. Aecht sommerlich ging man hellen Tags in's Theater und verließ es noch am Tage oder kurz vor der Dämmerung, seltener mit derselben. In den Pausen der Zwischenakte erging sich ein großer Theil des Publikums in den nächsten Umgebungen, Erfrischungen einnehmend, heiter plaudernd, der kommenden Dinge spannungsvoll wartend. Nach dem Schluß ergoß sich sein Strom in die weiteren Promenaden und sammelte sich dort theils unter Zelten, in Restaurationen, theils im Freien zu materiellem und zu geistigem Genuß lebhaftester, von den eben empfangenen Kunsteindrücken gesteigerter Geselligkeit. Diese Kreise sahen auch öfter die Schauspieler nach redlich gethaner Kunstarbeit, — denn sie standen einander innig nahe, Künstler und Publikum.

Man spielte wöchentlich regelmäßig viermal: Sonntag, Montag, Mittwoch, Sonnabend.

Am 23. Juni wurde das Theater mit Voltaire's Zaire, übersetzt von Peucer, anstatt des beabsichtigt gewesenen Ubaldo von Kotzebue, eröffnet vor einer glänzenden Versammlung. Das Haus konnte die herbeigeströmten Schaulustigen kaum fassen. Die zweite Vorstellung war Mozart's Cosi fan tutte (So sind sie alle). Dann folgten in einer durch einige Vorstellungen der Gesellschaft in Halle hie und da unterbrochenen Reihe: Minna von Barnhelm, die Schweizerfamilie, der Spieler, Lilla (nach Martini's Cosa rara), Es ist die rechte nicht, Blind geladen, Johanna von Montfaucon, Pachter Feldkümmel, die Brandschatzung, der Schatzgräber, der standhafte Prinz, Oberon (von Wranitzky), die Corsen, die seltsame Wette, die Schwestern von Prag, der Alcade von Moloribo, die Saalnixe, der Findling, die Unglücklichen, Rochus Pumpernickel, Kabale und Liebe, die musikalische Tischlerfamilie, das Intermezzo, der reisende Student, die Kleinigkeiten, Ubaldo und zum Beschluß am 4. August Paer's Oper: die Wegelagerer, — im Ganzen neunundzwanzig Stücke an vierundzwanzig Abenden. Die Halle'schen Einfügungen bestanden namentlich in: Don Carlos (26. Juni), Es ist die rechte nicht und Blind geladen (4. Juli), Minna von Barnhelm (11. Juli), Reue und Ersatz (18. Juli), Braut von Messina (25. Juli), Schachmaschine (1. August).

Karoline Jagemann (später: von Heygendorf) hatte seit 1807 an den Sommerreisen nicht theilgenommen, diesmal auch nicht als „Gast," wie sie es zuweilen (so in Lauchstädt 1805, so in Halle 1812 mit einem großen Cyklus bewunderungswürdiger und begeisternder Vorstellungen im recitirenden Drama und in der Oper) zu thun pflegte. Ihr diesmaliger flüchtiger, außerofficieller Besuch in Lauchstädt konnte diesen wesentlichen Ausfall nicht übertragen.

Ehe wir Lauchstädt verlassen, um mit den Weimarischen Schauspielern unmittelbar nach Halle überzusiedeln, noch einen kurzen Blick auf ihr dortiges sociales Leben und Treiben. Der Schauspieler hatte sich in Weimar durch Goethe, Schiller und durch sich selbst auf die Höhe, wie der Kunst, so der Gunst und Achtung des Publikums gehoben; er war ein überall gern gesehenes Glied der Gesellschaft, auch der feinsten, die er und die ihn ehrte. Der Künstler machte sich auch als Mensch geltend. Und so durfte Goethe im zweiten Theil des Vorspiels: „Was wir bringen" die Schauspielkunst berechtigt sagen lassen:

> Wie war es sonst für mich entehrend,
> Wenn jedermann die Duldung pries,
> Und mich als thörig und bethörend
> Hinaus, ach! vor die Schwelle wies.
>
> Nun aber — andre Zeiten, andre Sitten!
> Wir sehen uns nicht nur gelitten,
> Sogar wir sehn uns hochgeehrt:
> Das ist es, was den Eifer mehrt.

Weimar war eine der ersten Städte Deutschlands, wo diese schöne Erscheinung zu Tage trat. Goethe widmet ihr (bei Eckermann III., S. 66) eine besondere Betrachtung. Das trug sich auf die Filiale Lauchstädt und Halle über. In dem kleinen gemüthlichen Lauchstädt schloß sich aber auch die Künstlergesellschaft selbst enger an einander, eine große Familie bildend. Innere Familiengeselligkeit wechselte mit den heitersten gemeinsamen Ausflügen in die Nachbarschaft, an denen auch mancher Dritte theilnahm, gar anregend und erquicklich ab. Man war eben auf dem Lande und pflückte die ländlichen Freuden, wo und wie sie sich boten, je ungesuchter und einfacher, desto harmloser und reiner. Ein Socialismus im besten Sinne durfte das heißen. Wir in den größeren Städten kennen solche Zustände fast nicht mehr. —

An Muthwillen und kleineren oder größeren Neckereien fehlte es bei der Ungebundenheit der Villeggiatur natürlich nicht.

So gelangte einmal unsere Gesellschaft eines schönen Nachmittags auf einer ihrer Wanderungen an einer ärmlichen Strohhütte eines Schäfers auf freiem Felde vorüber, deren winziges, nicht eben sauberes Innere nichts als ein nacktes Strohlager zeigte. Der Schauspieler Haide, von dem Anblick angezogen, deklamirte oder sang vielmehr nach der Melodie: „In meinem Schlößchen ist's gar fein," der Alten, die am Eingange saß, pathetisch die Worte zu:

„In diesem Stübchen eng und nett,
Da steht ein schönes Federbett."

Verblüfft sieht das Mütterchen erst zum Sänger hinauf, dann rasch in den Raum hinein, ob vielleicht im Nu das Federbett hervorgezaubert sei. Bitter enttäuscht, lachte sie doch herzlich über die „Spaßvögel" und im Chor mit ihnen, die sie dann für die Fopperei durch eine hübsche Spende entschädigten.

Auch Ausgelassenheiten untereinander konnten nicht ausbleiben. Ein geniales, etwas starkes Stückchen führten — nach derselben Mittheilung von Karl Eberwein a. a. O. — mehrere Kapellmitglieder einst gegen einen Kollegen, ihren Haus- und Stubengenossen aus, der durch seine Gewohnheit des Schnarchens im Schlaf die Nachtruhe der Anderen gewaltig störte. Sie tragen, als Radikalkur, nächtlicherweile das Bett sammt seiner schnarchenden Last in stiller Prozession auf offnen Markt, setzen beide da nieder und kehren zurück. Der Ausgesetzte schlummert ruhig fort. Des frühen Morgens kommt eine Anzahl Gemüseweiber von Halle auf dem Markt an. Die nun folgende Scene bedarf keiner Ausmalung. Das von dem Lungen- und Zungenlärm der Weibergesellschaft erweckte Opfer, anfangs in halber Betäubung, schreit, als es die ganze Wirklichkeit gewahrt, nach deckender Hilfe. Vergebens! Im tiefsten Nachtnegligé, unter verstärktem schallenden Gelächter seiner Umgebung, muß es die Flucht nach Hause ergreifen. —

Als die Weimaraner ihr trautes Lauchstädt verließen, tönte ihnen manch tiefbewegtes: Mit Gott! nach. Sie werden sich nicht gern von einander getrennt haben.

Lauchstädt's Theaterstern war erloschen; mit dem Jahr 1811 ward es aufgegeben; es brachte nicht genug mehr ein. Der Besuch des Bades hatte abgenommen. Die leidige Prosa des Finanzpunktes rief das entscheidende: Scheidet!

Einundzwanzig Sommer hindurch (1791 bis 1811) hatte Goethe die Seinen auf die Wanderung nach Lauchstädt geschickt und geführt. Eine lange und treue, eine seltene Verbindung!

Wir folgen ihnen nun hin nach dem benachbarten Halle. Diesmal galt es zunächst einer schönen Feier. Die Stadt hatte ein neues, oder vielmehr ein renovirtes Schauspielhaus empfangen durch die Bemühungen des um die Kunst hochverdienten berühmten Arztes Reil, dem, wie Goethe meldet, die dortige Bühne ihre Entstehung verdankte. Goethe weihete die jungfräuliche Kunststätte am 6. August 1811 mit einem Prolog zu seinem „Egmont", der die Vorstellungen eröffnete, ein. Die Einnahme dieser ersten war zum Besten des neuen Schauspielhauses selbst. Die Wolff sprach ihn

— mit bunten Kränzen reichlich ausgeschmückt,
Mit Blumenstab und Krone, wie zum schönsten Fest,

zu der glänzenden, aus Nah und Fern herbeigeeilten Versammlung, die da in dem „schön verzierten, Allen gemächlichen" Saale den bedeutsamen Worten lauschte, welche von solchem Dichter, aus solchem Munde so sinnig und erhebend erklangen. Goethe berichtet in schlichter Weise, „dem Prolog sei freundliche Theilnahme geworden." Es war noch etwas mehr.

Was sie geben wollte und brachte, die erwählte Kunstgenossenschaft, faßt der Dichter in die schönen Worte zusammen:

Das Mannigfalt'ge vorzutragen ist uns Pflicht,
Damit ein jeder finden möge, was behagt;
Was einfach, rein natürlich und gefällig wirkt,
Was allgemein zu jedem frohen Herzen spricht;
Doch auch das Possenhafte werde nicht verschmäht:

> Der Haufe fordert, was der ernste Mann verzeiht,
> Und diesen zu vergnügen, sind wir auch bedacht:
> Denn Manches, was zu stiller Ueberlegung euch,
> Zu tiefem Antheil rührend anlockt, bringen wir,
> Entsprossen vaterländ'schem Boden, fremdem auch:
> Anmuthig Großes; dann das große Schreckliche.

Und sie hat Wort gehalten; einen bunten, reichen Blüthenkranz hat sie gewunden und gereicht aus Thalia's und Melpomene's Gärten. Ich nenne der Reihe nach, neben Egmont, die Gaben, wie sie fielen: Intermezzo, Wegelagerer, der standhafte Prinz, Oberon, Lorbeerkranz, Johanna von Montfaucon, Lilla, die Mitschuldigen, die Unglücklichen, die Schweizerfamilie, die drei Gefangenen, So sind sie Alle, Wilhelm Tell, Jery und Bätely, der vierundzwanzigste Februar, Götz von Berlichingen, der reisende Student, die Entdeckung, die Räuber, Camilla, der Wasserträger, die Kleinigkeiten, Wallenstein's Lager, die Jungfrau von Orleans, Rochus Pumpernickel, Hamlet, Don Juan und zuletzt: Kabale und Liebe. — Mit Schiller schloß, am 9. September, die diesmal kurze, aber fürwahr gehaltvolle eigentliche Halle'sche Saison von wenig mehr als einem Monat ihre Pforten, wie sie mit Goethe sie geöffnet hatte. —

Die beiden folgenden Jahre, eine bange und ernste, schwer wuchtende Kriegszeit — doch „heiter ist die Kunst!" — ging die Gesellschaft abermals nach Halle. 1812 begann sie am 11. Juni mit „Romeo und Julia", und schloß am 31. August den Cyklus von 51 Vorstellungen (59 Stücken) mit dem „Findling". 1813 begann sie am 23. Juni mit den „Vertrauten", und schloß die Reihe von Vorstellungen (50 Stücken) den 23. August mit den „zwei Grenadieren".

Wiederum endlich lächelte mir das Glück und warf mir das günstige Loos, den Weimarischen Künstlern auf die neue Wanderung zu folgen. Wie wachten die lieben Erinnerungen auf, als wir — in der ersten Dämmerfrühe des 13. Juni 1814, eines Montags, von Weimar aufgebrochen — nach gemeinsamer, nicht immer bequemer Fahrt durch Fluren und Auen, an lachenden Dörfchen, Weilern, Wiesen, Gärten, wogenden Getreide= feldern, rieselnden Bächen, fruchtbaren Thalge= länden, benebst manchen eintönigen Strecken, an gaffenden Dörflergruppen, oft alten zutraulich grüßenden Bekannten vorüber, abseits der lang= weiligen Chaussee — am herrlichsten Tage, Wagen hinter Wagen, jetzund die Thürme Halle's ge=

wahrten, der „vielgeliebten Stadt" — wie Goethe
sie nennt — uns näherten, in ihre Thore, ihre
Straßen, die altbekannten, noch bei guter Zeit
selbigen Tags einfuhren!

Und die Reise der Genossen selbst — wie hei=
ter ging sie von Statten; wie schloß man sich,
einer großen Familie gleich, Ein Herz und Eine
Seele, manchmal zu Fuße wandelnd, manchmal
in lustiger Rast, bei frugalem, durch launigste
Unterhaltung gewürztem Mahle, doppelt traulich
einander an!

Der Rückblick auf die ganze damalige Situation
führt mir das romantische Wanderbild der Schau=
spielergesellschaft in Wilhelm Meister lebhaft vor
das Auge: „Hatte man oft zwischen vier Wänden
gute und fröhliche Stunden zusammen genossen:
so war man natürlich noch viel aufgeweckter hier,
wo die Freiheit des Himmels und die Schönheit
der Gegend jedes Gemüth zu reinigen schien.
Alle fühlten sich einander näher. Man beneidete
die Jäger, Köhler und Holzhauer, Leute, die ihr
Beruf in diesen glücklichen Wohnplätzen festhält;
über Alles aber pries man die reizende Wirth=
schaft eines Zigeunerhaufens. Man beneidete die
wunderlichen Gesellen, die in seligem Müssiggange
alle abenteuerlichen Reize der Natur zu genießen

berechtigt sind; man freuete sich, ihnen einigermaßen ähnlich zu sein. Indessen hatten die Frauen angefangen, Erdäpfel zu sieden und die mitgebrachten Speisen auszupacken und zu bereiten. Einige Töpfe standen bei'm Feuer, gruppenweise lagerte sich die Gesellschaft unter den Bäumen und Büschen. Die Gefühle der Gesellschaft erhöheten sich; man aß, trank und jubilirte, und bekannte wiederholt, niemals schönere Augenblicke erlebt zu haben."

So auch bei unserer Gesellschaft. Hat sie mit ihren romantischen Wanderzügen ihrem Meister bei seinem, dem Leben entnommenen Gemälde vielleicht als Modell gesessen? Und die beneidete Wirthschaft eines Zigeunerhaufens — straft diese die naive Anschauung unseres alten Dorfwirths mit seiner „Bande" (natürlich unter Abzug des Wäschekapitels) etwa allzu sehr Lügen? Vielleicht doch noch schönere Augenblicke, als die obigen, standen den Unseren bevor. Aus den Fenstern, von den Thüren der Stadt, rechts und links winkten und riefen glückliche Menschen den glücklichen Ankömmlingen die Grüße frohlockenden Willkommens zu, festlich bewegt, wie diese selbst. Ja, er war ein Fest, dieser Einzug! Treue warme Herzen schlugen sich entgegen in gehobener Stimmung eines schönen

Wiedersehens nach dem Alpdruck trauriger Tage.
Zogen wir ja in diesem Sommer an der Hand
und im Geleite des errungenen Friedens ein.

Die Chaisen mit ihren Insassen vertheilen sich
nun allmälig, um diese den vorausbestellten Logis
zuzuführen, oder richten ihren Weg direkt zum
Theater, um auf dem geräumigen Vorplatz zu
halten, damit von hier aus derjenige Theil der
Eingetroffenen, für dessen Unterkunft etwa noch
nicht gesorgt ist, auf Entdeckung der geeigneten
Wohnungen ausgehe, ein Geschäft, das bei den
damaligen bescheidenen Ansprüchen an das äußere
Leben bald besorgt ist. Inzwischen haben die statt=
lichen Wagen mit den Dekorationen, der Garderobe
und den sonstigen Requisiten in majestätischer
Ruhe sich heranbewegt. Sie machen vor der
rechten, östlichen Pforte des Musentempels Halt
und entledigen sich vor den bewundernden Blicken
eines herbeigeeilten, meist aus der wißbegierigen
Jugend bestehenden Publikums nach und nach
ihres kostbaren Inhalts. Die dienenden Geister
befördern ihn emsig und sorglich in das Heilig=
thum, theils auf die Bühne selbst, theils in die
oberen Garderobe= und Requisitensäle, zu denen
man auf einer Art breiter Hühnersteige gelangt:
denn die Stelle der Treppen vertritt ein mit

starken Querlatten beschlagenes, ziemlich steil eine ganze Etage hinaufsteigendes Brettergerüst. Die gefährliche Passage verlangt Vorsicht. Alles läuft glücklich ab. Die Weimarischen Sachen und Personen sind noch vor Einbruch der Nacht untergebracht und ruhen nach bewegtem Reisetagewerk, um zu noch bewegterem Tagewerk sich anzuschicken und zu stärken.

Wir haben den 17. Juni, einen Freitag. Die Barfüßerstraße entlang, dem schönen Eckhaus Reil's vorüber, schreiten wir seinem anderen nahen Hause der Kunst zu, das uns nach wenigen Stunden seine Hallen von Neuem öffnen soll. Gleich dem Lauchstädter auf einer sanften Anhöhe — der Schulberg — hingestreckt, nicht besonders ausgezeichnet im Aeußeren, so wenig wie jenes, aber höher, größer und stattlicher, in seiner Form die Metamorphose aus dem kirchlichen in den Kunsttempel verrathend, liegt es frei und offen vor dem Blick.

Es ist, als ob die Stadt heute auf der Wanderung wäre. Wenigstens sendet sie aus allen Schichten der Einwohnerschaft — die stubirende Jugend fehlt natürlich nicht — ihr Kontingent; die Nachbarn: Leipzig, Merseburg, Lauchstädt 2c., sind gleichfalls vertreten. Die anströmende Menge bevölkert schnell den Platz. Auch diesmal eine Feier, eine zwiefache, eine heitere und eine sehr ernste: die Wiedereröffnung der Bühne und ein Todtenfest, den Manen des edlen Reil gewidmet. Der Tod hatte ihn am 2. November 1813, ein Opfer des Typhus, hinweggerafft; er schlummerte in seinem schönen Garten bei Giebichenstein, „Reil's Berg." Sein eigen Haus stand verwaist, sein Kunsttempel trauerte im Festgewand. Goethe hatte ihm ein würdiges Monument errichtet im zweiten Theil des Vorspiels „Was wir bringen," das heute als Prolog zum Eröffnungsstück: Voltaire's „Tankred" nach Goethe's Bearbeitung, in heiter=wehmüthigen Tönen an Ohr und Herz schlagen sollte. Das Gedicht, von Goethe in Berka bei Weimar entworfen, ward in seinem Sinn von Riemer zum großen Theil ausgeführt.

Endlich — halb fünf Uhr des Nachmittags — erschließen sich die Pforten. Das Haus ist schnell gefüllt. Man findet und sammelt sich, läßt den Blick über die buntwogende Schaar und aus ihr heraus rings umher schweifen, nach unten, nach oben, zur Seite, nach vorn der Bühne zu, die, vom schönen, rothen Vorhang geheimnißvoll ver=hüllt, noch in schweigender Ruhe daliegt. Be=nutzen wir die Zeit bis dahin, wo er sich erheben

wird, uns im Saal ein wenig zu orientiren. Der
ovale Raum mag wohl an die tausend Menschen
fassen; sie sind Kopf an Kopf gedrängt. Eine
Reihe bequemer, nicht eben weich gepolsterter
Bänke des Parterre führt vom Orchester aus hinan
zu den Logen, die das Parterre rings umfassen.
Sie öffnet, zu größerer Bequemlichkeit, in der
Mitte einen Durchgang, in welchem Ab= und Auf=
gehende sich zwanglos bewegen können. Von der
großen, weiten Mittelloge des Balkons zweigen
sich nach beiden Seiten dessen Flügel ab, nicht in
allzu großem, aber genüglichem, geschwungenem
Auslauf. Ueber dem Balkon die Gallerie, diesem
ähnlich geformt, gleich ihm und überhaupt dem
ganzen Hause sehr einfach, aber geschmackvoll de=
korirt. Der in bescheidener Höhe sich wölbende
Plafond sendet einen nicht minder bescheidenen
Kronleuchter, der zwar kein Flammenmeer aus=
gießt, doch hinreichend erhellt, beinahe bis zur
Mitte des Saalraums. Nirgends Luxus und deko=
rative Pracht: sie werden uns auch auf der Bühne
nicht blenden. Breite und Tiefe selbst dieser mögen
denjenigen der Lauchstädter entsprechen, vielleicht
um einige Fuß sie übertreffen. „Das neuerbaute
Schauspielhaus" — berichtet Goethe — „verlieh
die sämmtlichen Vortheile der Lauchstädter Bühne."

Nun ertönen mit dem Glockenschlag fünf die Klänge des Orchesters. Nachdem sie verhallt sind und die Gardine in die Höhe gestiegen, thut ein Wald mit Tempel sich auf. Merkur (unser Wolff) mit seinem beschwingten Stab erscheint. Das lebens= und wechselvolle Spiel beginnt und spinnt sich ab, heiter, ernst, wehmüthig, erschütternd, wie das Leben selbst, von der sinnigen Apostrophe des Götterboten an die Versammelten, dem Auftreten der Parzen, der Nymphe der Saale, der Schau= spielkunst, des Bassa Selim mit allen übrigen Figuren aus Mozart's Entführung, bis zum weihe= vollen Chor, der das Ganze würdig und erhebend abschließt. Die tiefbewegte, hingerissene Menge ergießt sich in einen Beifallsjubel, der nicht enden will. Der Vorhang fällt und gönnt der wogen= den Masse Zeit, allgemach in die Wirklichkeit zu= rückzukehren, um, wieder gesammelt und genugsam vorbereitet, dem nun folgenden Kothurnspiel theil= nehmend sich zuzuwenden. — Der Prolog ward am 19. Juni wiederholt, vor Gretry's „Richard Löwenherz."

Im Ganzen gab die Gesellschaft zweiundvierzig Vorstellungen mit neunundfünfzig Stücken vor einem zahlreichen Publikum. Sie spielte, wie in Lauchstädt, wöchentlich viermal: Sonntags, Diens=

tags, Donnerstags und Sonnabends. Aufgeführt wurden aus dem Lustspiel: Erste Liebe, die Entführung, Posthaus zu Treuenbriezen, Max Helfenstein, der Verräther, das Räuschchen, der Puls, die Vertrauten, der grüne Domino, die beiden Neffen, die unglückliche Ehe aus Delikatesse, die Braut, Haß den Frauen, offene Fehde, der Blitz, der Wildfang, deutsche Kleinstädter, die beiden Klingsberge, Wirrwarr, der verbannte Amor, die Schachmaschine, Quälgeister, Wallenstein's Lager, das Räthsel, die Hagestolzen, der Nachtwächter, das Portrait der Mutter, die zwei Grenadiere, die Mitschuldigen, die seltsame Wette. — Das Schauspiel brachte: die deutsche Hausfrau, die Versöhnung, Pflicht um Pflicht, der Spieler, der Taubstumme, Lorenz Stark, Iphigenia; — die Tragödie: Tankred, Egmont, Graf Essex, die Schuld, Jungfrau von Orleans, Romeo und Julia, die Räuber, Don Carlos. — Aus der Opernsphäre wurden vorgeführt: Richard Löwenherz, das Opferfest, Fanchon, die Müllerin, Je toller je besser, Rochus Pumpernickel, die Nacht im Walde, Adolph und Klara, die Schweizerfamilie, der Dorfbarbier.

Wiederholungen fanden, mit seltenen Ausnahmen, wie auch in Lauchstädt, nicht Statt.

Einigemal noch machte das recitirende Drama von Halle aus einen Besuchsausflug nach dem verlassenen Lauchstädt. Man gab dort am zehnten Juli Pflicht um Pflicht und die Vertrauten, am dreizehnten Juli Maske für Maske und die Braut, und nahm Abschied für immer.

———

Des Königs Friedrich Wilhelm III. Geburtstag, 3. August, — einen Festtag, den auch Halle's Bevölkerung, nach gewonnenem Frieden, wahrhaft jubelartig beging, feierte das geschmückte, von einer glänzenden Versammlung gefüllte Theater mit Aufführung des Schauspiels „der Geburtstag" von Lafontaine, der bekanntlich im Orte lebte.

Wohl nie hat Halle ein strahlenderes Gesicht gezeigt, ein festlicher Gewand angelegt, als an diesem auch vom heitersten Himmel begünstigten 3. August 1814. Universität, Militär, Behörden, Bürgerschaft, Schulen, alle Gilden — voraus die der Böttcher mit ihrer lustigen, originellen Fahrt, dem sog. Böttcher- oder Bacchustanze —, alle in ihrem stattlichsten Schmuck, mit ihren Emblemen, wehenden Fahnen 2c., hielten, von der zahl=

reichsten Bevölkerung und Schaaren aus der Nachbarschaft umwogt, in langen, mächtigen Reihen ihren Umzug durch die bekränzten Straßen, ihre Parade vor und nach der erhebenden kirchlichen Feier. Glänzende Feste in der am Abend im Lichterschmuck schimmernden Stadt, wie in ihren Umgebungen, verherrlichten den schönen, denkwürdigen Tag.

Ueberhaupt mochte kein Sommer in diesen Mauern froh bewegter gewesen sein, als der des Jahres Vierzehn. Nie hat Alt und Jung sich mehr des Lebens gefreut, seine Rosen dankbarer gepflückt; nie haben die unvermeidlichen Drehorgeln ihre Melodien („Heil dir im Siegerkranz," das damals beliebte Kosakenlied: „Schöne Minka ich muß scheiden" 2c.) aus vollerer und stolzerer Kehle ertönen lassen; nie die Tambourins sich lustiger geschwungen und balancirt; nie die Bänkelsänger mit ihren Weisen: — Strophen von den Thaten der preußischen und deutschen Helden vor der bemalten Leinwand, harmlosen Schelmliedlein für die Feinde — im Wiederhall der erregten Jugend kräftiger die Luft erfüllt; nie wohl hat ein lachender Himmel sich über glücklichere Menschen einer ganzen Stadt gewölbt, als in diesem gesegneten Jahre. — Und an solch' gesteigertem, vollem Leben und Treiben, wie nahmen auch sie, die Weimarischen Gäste, receptiv und produktiv redlichsten Antheil!

Der Oper in Halle im Jahr 1814 fehlten zwei Hauptfaktoren: Stromeier und die Eberwein; auch das Gastspiel der Jagemann fiel aus. Ihre Stelle vertraten Genast Sohn und seine Schwester, Christiane Unzelmann. Jener hatte — nachdem er schon von 1808 oder 1809 an als „Eduard Genast" in Knabenrollen (Kellnerjunge im Portrait der Mutter, Hirtenknabe Seppi in Wilhelm Tell, Zachar im Wald bei Hermannstadt 2c.) vorläufig mit den kleinen Theatersporen geklirrt, — als „Genast der Jüngere" am 23. April 1814 mit dem Osmin seine größeren sich zu verdienen, in Weimar den ersten, überkühnen Anlauf genommen.

Beinahe ein Vierteljahr (vom 17. Juni bis 5. September) hatte die Weimarische Künstlergesellschaft ihrem lieben Halle angehört, sich mit

ihm, es mit ihr sich gefreut. Die Trennungs=
stunde schlug. Mit Schiller's Don Carlos, einer
der höchsten Mustervorstellungen (Wolff: Posa;
Oels: Carlos; die Wolff: Prinzessin Eboli; die
Lortzing: Elisabeth; Graff: Philipp) nahm man
Abschied von einander. Es war, so versicherten
Alle, die ihm beiwohnten, einer der weihevollsten
und zugleich tiefbewegtesten Abende, — eine
Trennung nicht auf Wiedersehen, sondern für
immer.

Als in erster Frühe des 7. Septembers 1814
die Gesellschaft aufbrach zur Rückkehr aus der
zweiten Heimath in die erste, sandte ein grauer,
traurig=düsterer Himmel seine Regenschauer her=
nieder, die sie stetig begleiteten bis zur nächtigen
Ankunft in Weimar's Mauern, und die Erde
war ihnen auf den oft ziemlich bodenlosen Feld=
wegen eine fast mehr als sanfte und weiche Mut=
ter gewesen. Wie anders jener sonnige, lachende
Einzug!

Und doch — wie hätte, nachdem die ersten
Trennungsstunden überwunden waren, unsere
Wanderer ihre unversiegbare heitere Laune auch
jetzt, trotz Sturm und Wetter, im Stich gelassen?
Sorgte ja, unter Anderem, der unermüdliche und

allezeit fertige Unzelmann, mit dem wunderbaren Talent des Improvisirens, als Mann nicht blos des Worts, auch resoluter That, zur Abwechslung für anschauliche, ächt reale, romantisch-abenteuerliche Unterhaltung in lebendigster Scenerie handgreiflichen Konflikts mit einer Gruppe derber Bauern und Fuhrleute auf düsterbeleuchtetem Blachgefilde, die dem Zug der fahrenden Kunstschüler die gebührende „Reverenz" durch Ausweichen ihrer beladenen Karren und Wagen zu weigern die Stirn hatten, — drastische Bilder, eines Teniers oder Rembrandt würdig.

Die „Herzoglichen" Hofschauspieler waren im Jahr 1815 „Großherzogliche" geworden. Die rosige Zeit des Wanderlebens lag hinter ihnen. —

Zum Schluß dieses Kapitels noch ein allgemeines Wort unseres Goethe, das er einst mit dankbar ehrender Empfindung und mit gerechtem Stolz ausrufen mochte: „Eigentlich erholte sich das Weimarische Theater erst durch einen längeren Aufenthalt in Halle und Lauchstädt, wo man, vor einem gleichfalls gebildeten, zu höheren Forderungen berechtigten Publikum, das Beste, was man liefern konnte, zu leisten genöthigt war,

Das Repertorium dieser Sommervorstellungen ist vielleicht das bedeutendste, was die Weimarische Bühne, wie nicht leicht eine andere, in so kurzer Zeit gedrängt aufzuweisen hat." —

8.
Goethe's Theatergesetze und Schauspielerregeln.

> Ordnung erhält die Welt!
> Sprichwort.

> Die Kunst des Schauspielers besteht in Sprache und Körperbewegung.
> Goethe.

Goethe hat, wie allbekannt, das Axiom aufgestellt: „Das Gesetz nur kann uns Freiheit geben!" Er wendete dasselbe mit ganzer Strenge auf seine Schauspieler an und unterwarf sie unerbittlich der zwingenden Gewalt dieser Wahrheit. Daß einzelne mit Widerstreben sich fügten, oder auch sich ganz und gar nicht fügen wollten, ist eben so glaublich, als es menschlich, wenn auch nicht zu rechtfertigen ist. Allein Goethe hatte seine Mittel und wendete sie in nicht gar seltenen Fällen mit gutem Erfolg an. Außer Geldstrafen diktirte er noch andere Disciplinar-, auch Ehrenstrafen zu. Für die obstinaten Herren erkannte er gewöhnlich auf die militärische Strafe der Hauptwache; den ungehorsamen Damen gab er, wie das z. B. die Maas erfahren hat, Stubenarrest unter zuverlässiger Beaufsichtigung.

Ohne Aerger und Verdruß geht es bei der Leitung eines Instituts, und noch dazu eines so vielköpfigen und komplicirten, wie ein Theater ist, nicht ab. Goethe's olympische Ruhe verwand ihn leichter und schneller, als Schiller's reizbare Natur, der überhaupt in der Tugend der Geduld seinem Freund und Kommilitonen nachstand. Als Schillern, bei Goethe's zeitweiliger Abwesenheit von Weimar, das Direktionsgeschäft der Bühne einmal allein und ausschließlich überlassen werden mußte, schrieb dieser an Goethe nach Oberroßla, wo letzterer sich aufhielt, am 10. April 1801, unter dem Eindruck seiner verdrießlichen Stimmung: „Der Nathan ist ausgeschrieben worden und wird Ihnen zugeschickt werden, daß Sie die Rollen austheilen. Ich will mit dem Schauspielervolk nichts mehr zu thun haben, denn durch Vernunft und Gefälligkeit ist nichts auszurichten; es giebt nur ein einziges Verhältniß zu ihnen: den kurzen Imperativ, den ich nicht auszuüben habe." Goethe's Antwort von demselben Tage lautete: „Nehmen Sie sich doch einer Leseprobe des Nathan einstweilen an, bis ich eintreffe, denn ohne Leitung würden sich die Leute gar nicht zu helfen wissen. Es ist ein sehr undankbares Geschäft, doch kann man es nicht ganz los werden."

Goethe wußte recht gut — und wie hätte er es gerade nicht wissen sollen! — daß es, wie im Staate, so in der Kunst, die **Masse** der Gesetze nicht thut, sondern die **Einfachheit**, die leichte **Anwendbarkeit** und **Ausführbarkeit** der gegebenen Vorschriften, mit Einem Wort: das **Praktische** derselben. Darum beschränkte er sich auf eine möglichst kleine Zahl, womit er auch ganz gut ausreichte. Ueber genaue Befolgung derselben hatten die „Wöchner" (Genast und Becker) zu wachen. Diese wenigen Theatergesetze mögen in Reihe und Glied hier ihren Platz nehmen.

Der Wortlaut derselben, mit dem Datum: 8. April 1803 versehen und von Goethe und Kirms unterzeichnet, vom Theatersekretär Burkard kontrasignirt, ist folgender:*)

1) Wer sich bei einer Probe, sie mag Namen haben, wie sie will, zu seiner Scene rufen

---

*) K. Eberwein a. a O.

läßt, zahlt acht Groschen. Sollte der Fehlende außerhalb des Theatergebäudes, oder wohl gar in seiner Wohnung gesucht werden, bezahlt er einen Thaler.

2) Wer bei einer Aufführung eines Stückes zu spät auftritt, zahlt einen Thaler.

3) Wer einen Statisten zu machen verweigert, indem er eine unbescheinigte Unpäßlichkeit vorwendet, oder sich dadurch entschuldigt, daß er eine Rolle in dem Stück oder der Oper sonst gehabt, zahlt einen Thaler.

4) Jedes Mitglied ist verbunden, sich zu seiner Rolle dem Charakter und Kostüm gemäß zu kleiden, und weder prächtiger, noch jünger zu erscheinen, als es die Rolle erlaubt. Es haben daher die Mitglieder, welche Kleidungen zu Hause oder eigene Kleidungen haben, dem Wöchner anzuzeigen, was sie anziehen wollen. Erscheint Jemand in einem unpassenden Kostüm und beharrt auf seinem Sinn, ungeachtet der vom Wöchner dagegen gemachten Einwendungen, so wird ein solches Mitglied um zwei Thaler gestraft.

Untersagt wird ferner:

5) Das Probiren in einhüllenden Chenillen und Mänteln, mit Stöcken in den Händen.

6) Das Hin- und Herlaufen während des Probirens einer Scene, ohne in der vorgeschriebenen Aktion zu bleiben, wie es die Rolle verlangt.
7) Das Lärmen, Schreien und laute Lachen während der Klavier-, Orchester- und Stückproben, als auch während der Vorstellung im Garderobezimmer und auf dem Theater.
8) Das Spaßmachen, wenn man Statisten auf dem Theater vorstellt, wodurch die Spielenden aus der Fassung gebracht werden.
9) Das Applaudiren und laute Auflachen der zuschauenden Schauspieler und Schauspielerinnen, sowohl auf dem Theater, als in den Damen- und Herrenlogen ꝛc."

Verstöße gegen das siebente dieser Gesetze hatte Karl August einmal bemerkt, und schreibt darüber an Goethe unter dem 27. März 1803: „Laß doch ein Edikt ergehen, daß die Statisten und Schüler sich hinter den Koulissen ruhig verhalten; es war gestern ein solcher Spektakel, daß man oft den Gesang nicht recht hören konnte. Du kannst dabei sagen lassen, daß, wenn es wieder geschähe, ich den wachthabenden Husarenunterofficier hinschicken würde, um Ordnung zu machen. Leb' wohl." (Karl August's und Goethe's Briefwechsel, herausgegeben von Dr. Vogel.)

In der Folge kam noch ein Paragraph zu den obigen hinzu, der das Extemporiren verbot, worauf für jeden einzelnen Zuwiderhandlungsfall etwa zehn Groschen Strafe gesetzt waren. — Unzelmann hat diese Strafe des öftern zahlen müssen, wiewohl seine Inpromptu's nie über die Grenze des Schicklichen und Anständigen hinausgingen, und in allen Fällen pikant und zündend waren. Meist durch ein einziges Wort, oder durch ein paar Worte traf er den Nagel auf den Kopf und sein Witz verletzte nie. Die mehreremal verbüßte Strafe veranlaßte ihn, als Rochus Pumpernickel seinem Pferd, worauf er angeritten gekommen war, und das sehr natürlich extemporirt hatte, mit dem Finger drohend zuzurufen: „Du, hüte dich; das Extemporiren ist bei zehn Groschen Strafe verboten!" — Auf dem Stadthause war ein Seelöwe zu sehen gewesen. Am nächsten Abend hatte Unzelmann mit seinem Schwiegervater, dem alten Genast, in einem Stück, dessen Titel und Inhalt mir entfallen ist, zu spielen. Das erste Wort, das er in seiner ersten Scene mit dem Alten an diesen richtete, hieß: „Du Seelöwe!" und es war in diesem Fall durchaus passend angebracht, verfehlte auch seine Wirkung auf die Zuschauer nicht. — Bei der Anwesenheit der Kaiserin von Rußland in Weimar hatte Unzelmann dreimal im Verlauf einer Woche den Papageno darzustellen, da der Kaiserin Lieblingsoper die Zauberflöte war und sie auf ihren Wunsch so oft wiederholt werden mußte. Als er zum dritten und letzten Mal darin auftrat, hob er mit einer unbeschreiblichen Naivetät des Ueberdrusses zu singen an: „Seht, Papageno ist schon wieder da!" und dieses kleine eingeschobene Wörtchen „wieder" brachte ihm stürmischen Beifall des Publikums zu Wege. — Als er in Dresden zum ersten Mal den Pumpernickel gab, und bei seinem Pferderitt die Gassenjungen schreiend hinter ihm herliefen, wendete er sich mit der Anrede an die tumultuirende und ausspottende Rotte: „Ihr könnt's gut, aber wie die Weimarischen Sperlingsberger doch noch lange nicht!"

Indem ich von Unzelmann her komme, versage ich mir's nicht, die Benachrichtigung Goethe's die er am 10. Oktober 1803 an Zelter gelangen ließ, einzuschalten, da sie von ihm — Unzelmann — ausgeht. — „Meine Theaterschule," meldet er, „wozu Unzelmann mir den ersten Anlaß gab, ist schon auf zwölf Personen angewachsen. Näch=

sten Donnerstag wird von ihnen das erste Stück mit allem Apparat, jedoch bei verschlossenen Thüren, vorgestellt. Ich hoffe viel Gutes von dieser Bemühung."

Und damit bahne ich mir den Uebergang zu einer kurzen Besprechung der Goethe'schen „Regeln für Schauspieler," die aus demselben Jahr (1803) stammen und, von Eckermann geordnet und zusammengestellt, im 44. Bande der „Werke" oder 4. Bande der „nachgelassenen Werke" aufgezeichnet stehen.

———

Vorausgeschickt sei der von Goethe selbst uns im Briefwechsel mit Zelter aufbewahrte Bericht über die geschichtliche Entstehung dieser beachtenswerthen Regeln. — Er erzählt dort (Brief vom 3. Mai 1816): „Anno 1803 im August kamen Grüner und Wolff hierher; die Gesellschaft war in Lauchstädt. Ich hatte Zeit und Humor, und wollte einen Versuch machen, diese beiden, ehe jene zurückkamen, auf einen gewissen Punkt zu bringen. Ich diktirte die ersten Elemente, auf welche noch Niemand hingedrungen ist. Beide ergriffen sie sorgfältig und Wolff ist davon nie gewankt noch gewichen, beswegen er auch zeitlebens die schönste Sicherheit behalten wird. Daß Grüner in Wien sich zum mächtigen Schauspieler, ja zum Direktor aufgeschwungen, zeigt, daß auch er an einem gewissen Fundament gehalten habe. Beide waren mit Glauben und Neigung zu mir gekommen, der eine den Militär=, der andere den Kaufmannsstand verlassend, und beide haben es nicht übel getroffen. Vor einigen Tagen, als ich alte Papiere ausklopfte, fand ich noch das Konzept eines Briefs von Wolff's Mutter, der sich auch jetzt noch recht artig ausnimmt; zugleich das Konzept von jenem Katechismus oder a b, ab; vornehmer könnte man es auch Eukli= dische Elemente nennen. Vielleicht verführen mich diese Bogen, daß ich die Sache nochmals durch= denke. Sie gehen oft weit hinein, denn die Ge= sellschaft kam zurück, und nun mußte Alles prak= tisch werden. — Wir hatten aber damals so viel Lust zu leben und zu theatralisiren, daß mich im Winter ein Theil der Gesellschaft in Jena besuchte, um unsere Uebungen fortzusetzen. Durch den Schnee war die Schnecke*) impraktikabel gewor=

---

*) Eine Anhöhe bei Jena an der Straße nach Weimar.
             D. Verf.

ben, Grüner verlor das Heft, das er in der Tasche als ein Talisman trug, welches er aber einige Tage nachher wieder bekam, indem er in allen Schänken Lärm geschlagen und es glücklicher= weise ein Fuhrmann aufgelesen hatte."

Nicht in hochgelahrten, weit ausgesponnenen Theoremen legte Goethe den Schauspielern seine Grundsätze über ihre Kunst vor, sondern an kur= zen, klaren und bündigen Regeln, die praktisch wie von selbst anwendbar waren, ließ er sie ihren Kursus durchmachen; und diese Regeln, so weit er sie niedergeschrieben, oder hat niederschreiben lassen, die immer aber nur ein bloßes Gerippe, nackte Umrisse dessen geben, was er in mündlicher Belehrung detaillirt und weiter ausgeführt hat, sind es, auf die einen flüchtigen Blick mit mir zu werfen ich meine geehrten Leser einlade. —

Ueber Dialekt und Aussprache, über Vollständigkeit, Reinheit und Deutlichkeit der letzteren spricht er sich zunächst in kurzen Grund= zügen und in faßlichster Form aus. Unter An= derem ertheilt er da dem Schauspieler den guten Rath, im Anfang so tief zu sprechen, als er es zu thun im Stand ist, und dann abwechselnd immer im Ton zu steigen, weil dadurch die Stimme einen großen Umfang gewinne und zu den ver=

schiedenen Modulationen gebildet werde, deren man in der Deklamation bedarf. Deshalb sei es auch sehr gut, wenn man alle Sylben, sie seien lang oder kurz, anfangs lang und in so tiefem Ton spreche, als es die Stimme erlaubt, weil man sonst gewöhnlich durch das Schnellsprechen den Ausdruck hernach auf die Zeitwörter lege. — „Natürlich und selbstverständlich!" wird man ausrufen. — Ja, ja: das Ei des Columbus! Und wenn Goethe nun dem falschen oder unrichtigen Auswendiglernen, wie es bei vielen Schauspielern zur Regel gehört, die Schuld einer falschen und unrichtigen Aussprache zuschreibt, so wird man ihm das von vornherein ebenfalls zugeben, wenn man auch selbst nicht darauf gekommen sein sollte. Man lese ferner, was er über Recitation und Deklamation in diesen 91 Paragraphen beibringt, und man wird von seiner tiefen Einsicht in die Sache den gehörigsten Respekt bekommen und auch da auf „Elemente" stoßen, „auf welche noch Niemand hingebrungen ist." — Bei der Deklamation legt er für den anfangenden Schauspieler wieder einen besondern Nachdruck auf das möglichst tiefe Sprechen. Und warum? Weil der Anfänger dadurch einen großen Umfang in der Stimme gewinne und dann alle weiteren Schattirungen vollkommen geben könne. „Fängt er aber zu hoch an, so verliert er schon durch die Gewohnheit die männliche Tiefe und mit ihr den wahren Ausdruck des H o h e n und G e i s t i g e n. Und was kann er sich mit einer grellen und quitschenden Stimme für einen Erfolg versprechen? Hat er aber die tiefe Deklamation völlig inne, so kann er gewiß sein, alle nur möglichen Wendungen ausdrücken zu können." — Wollte auch nur die Hälfte unserer jungen Kunsteleven sich diese Regel zu Herzen nehmen, um wie Vieles besser würde es um die vielfach so unnatürliche, geschraubte, stümperhafte und grausam zerfetzte Bühnendeklamation unserer Tage stehen!

Im r h y t h m i s c h e n V o r t r a g, dessen Besprechung Goethe drei Paragraphen widmet, glaubt alle Welt zu Haus zu sein. Man merke aber nur auf — doch nein! man hat nicht einmal nöthig, besonders aufzumerken, um die empörendsten Verstöße gegen dieses wichtige Requisit eines gut geschulten tragischen Mimen hundertfältig zu erleben. — Unseren heutigen Schauspielern möchte zu rathen sein, die drei kleinen, schlichten Paragraphen Goethe's 31 — 33 sich manchmal anzusehen.

Und nun erst recht die folgenden: S t e l l u n g

und Bewegung des Körpers auf der
Bühne (34 — 43)! Dieser Materie wendete
Goethe ein ganz specielles Interesse zu. Jetzt erscheint seine Anleitung in dem bezeichneten Stücke, wie in den beiden darauf folgenden, eng damit zusammenhängenden Punkten: Haltung und Bewegung der Hände und Arme (§. 44 — 62) und Geberdenspiel (63 — 65), zur Stimme eines Predigers in der Wüste der Schauspielkunst geworden zu sein. Diejenigen unserer Künstler sind bald gezählt, welche sich's zum klaren Bewußtsein gebracht haben, daß, wie Goethe will (§. 35), der Schauspieler „nicht allein die Natur nachahmen, sondern sie auch idealisch vorstellen solle." Die liebe Natürlichkeit droht aber heutigen Tags wieder so ungehindert zur unumschränkten Bühnenherrscherin zu werden, daß ihre Jünger der für sie so lästigen §§. 37—43 der Goethe'schen Regeln gänzlich entrathen zu können meinen. Ich glaube indeß nicht, daß der Meister ein Ueberflüssiges gethan hat, wenn er über die Haltung des Körpers, der Arme, des Kopfs einige Lehren ertheilt; wenn er die Schauspieler warnt, aus mißverstandener Natürlichkeit unter einander zu spielen, „als wenn kein Dritter dabei wäre;" nie „im Profil" zu spielen, noch den Zuschauern „den

Rücken zuzuwenden"; nie in's Theater hineinzu=
sprechen, sondern immer „gegen das Publikum,"
u. s. f. Auch über die Geberdensprache giebt er
Belehrungen, die nicht zu verachten sind; so die:
daß die malende Geberde mit den Händen selten
zu machen, doch auch nicht ganz zu unterlassen sei.
Bei seinen Schauspielern sah er unter Anderem
genau darauf, daß sie bei Bewegung der Hände
die Hand nicht vor das Gesicht brachten oder den
Körper damit bedeckten. — Sollten die Anfänger
nicht auch wohlthun, wenn sie sich die Goethe'sche
Regel zu Herzen nähmen: ihre Rollen, ohne sie
zu recitiren, einem Dritten blos durch Pantomime,
so weit erreichbar, verständlich zu machen, weil sie
da gezwungen sind, die passendsten Gesten zu
wählen? Dadurch würden sie, meint Goethe,
Geberdenspiel bekommen und ihre Arme beweg=
lich und gelenksam machen. — Es gälte einen
Versuch!

Ad vocem: Probe kann ich nicht unterlassen,
das nächstfolgende Kapitel der Goethe'schen Re=
geln zu berühren. Es behandelt das Thema:
was in der Probe zu beobachten ist. Man=
chem wird es kurios und lächerlich erscheinen,
wenn er nach Goethe's Proposition nicht in Stie=
feln probiren, in Fällen, wo er „Liebhaber= und

andere leichte Rollen" zu spielen hat, sich auf dem Theater „ein Paar Pantoffeln" halten solle, in denen er probire. Er wird es für Pedanterie halten, wenn ihm untersagt wird, sich auch in der Probe zu erlauben, was nicht im Stück vorkommen darf, auch da keine Bewegung zu machen, die nicht zur Rolle stimmt. Den Frauenzimmern wird es nicht recht sein, daß sie ihre kleinen Beutel aus der Hand legen sollen. Der und jener starke Geist wird es für übertriebene Aengstlichkeit des „alten Herrn" ausschreien, wenn dieser die Befürchtung ausspricht, daß, wer bei Proben tragischer Rollen die Hand in den Busen steckt, bei der Aufführung in Gefahr komme, eine Oeffnung im Harnisch zu suchen. Und nun vollends, — wenn der sitzende Schauspieler, um seinen Stuhl weiter vorwärts zu bringen, zwischen seinen oberen Schenkeln in der Mitte durchgreifend den Stuhl anpackt, sich dann ein wenig hebt und so ihn vorwärts zieht; wenn er ferner ein Schnupftuch auf dem Theater sehen läßt: sollten das wirklich nach dem eigensinnigen alten Goethe so erschrecklich böse Gewohnheiten sein, die man vermeiden müsse?

Zu verachten ist vielleicht auch das nicht, was er über die Haltung des Schauspielers im gewöhnlichen Leben ausſagt. Er muß etwas auf dieſen Abſchnitt gegeben haben, denn er beſpricht dieſe Angelegenheit in ſieben mehr oder weniger ausführlichen Paragraphen.

Aus dem Schlußkapitel des Ganzen: Stellung und Gruppirung auf der Bühne, hebe ich nur §. 87 hervor, wo zu leſen iſt: „Wie die Auguren mit ihrem Stab den Himmel in verſchiedene Felder theilten, ſo kann der Schauſpieler in ſeinen Gedanken das Theater in verſchiedene Räume theilen, welche man zum Verſuch auf dem Papier durch rhombiſche Flächen vorſtellen kann. Der Theaterboden wird alsdann eine Art von Damenbret; denn der Schauſpieler kann ſich vornehmen, welche Kaſen er betreten will; er kann ſich ſolche auf dem Papier notiren, und iſt alsdann gewiß, daß er bei leidenſchaftlichen Stellen nicht kunſtlos hin und wider ſtürmt, ſondern „das Schöne zum Bedeutenden geſellt."

Allzu übertrieben und kleinlich hat man es finden wollen, daß Goethe einmal Kreideſtriche auf's Theater gezeichnet habe, um dem betreffenden Schauſpieler die richtige Stellung anzuweiſen, die er zum Ganzen einzunehmen hatte. Er wird wohl nicht ohne triftigen Grund ſich dieſe beſchwerliche Arbeit gemacht haben. Was werden dieſe Goethe=

Kritiker erst sagen, wie werden sie sich bekreuzen und segnen, wenn ich ihnen — sollten sie es nicht schon ausgespürt haben und wissen — verrathe, daß er beginnenden Schauspielern und Schauspielerinnen sogar die Füße zurechtgesetzt hat, um ihnen den passenden Theatergang beizubringen!

Wo ist ferner der Intendant, der, wie es Goethe mit den beiden Wolff's in Romeo und Julia gethan, die Liebesscenen zwischen diesen sechsmal ganz apart mit seinen Leuten probirt?!

Man hat das: „Abrichten" genannt. — Jetzt ist man weiter.

Andere Zeiten, andere Sitten!

9.
Das Repertoir.

<blockquote>
Ein Mann, der recht zu wirken denkt,
Muß auf das beste Werkzeug halten.
Goethe.
</blockquote>

Weniger das „Schaffen", als das „Halten" eines guten Repertoirs hielt Goethe für „schwierig". Aus dieser von ihm berührten Schwierigkeit erklärt sich die Halt-, nebenher auch die Gehaltlosigkeit des Repertoirs auf unterschiedlichen unserer heutigen Bühnen. Bunt und schillernd, flimmernd und glitzernd genug sieht freilich dieses Repertorium der Gegenwart aus; alle Tage beinahe etwas Neues, auf die Unterhaltung des Publikums Berechnetes, gefällig und klug dargeboten, begierig hin- und aufgenommen. — Es gilt wirklich man=

cher Orten und in vielen Stücken dermalen als oberstes Axiom:

„Ich wünschte sehr, der Menge zu behagen,"

und daran schließt sich die Ueberzeugung:

„Die Masse könnt ihr nur durch Masse zwingen!"

Eins folgt aus dem Andern; und so stellt sich „im Kreislauf der Begebenheiten" auf unseren deutschen Theatern dieser Zeit als Bekanntes heraus, was dort ebenfalls geschrieben steht (Vorspiel zu „Faust"):

„Ihr wißt, auf unsern deutschen Bühnen
Probirt ein jeder, was er mag."

Einzelnes Gute aus dem „Reichen", was Goethe rühmt, wenn er sagt: „Unsere Zeit ist an wahrhaft guten Stücken so reich, daß einem Kenner nichts leichter ist, als ein gutes Repertoir zu bilden;" — aber wie viele leichtbeschwingte Schmetterlinge auch, und davon die Mehrzahl nur Eintagsfalter! Und welche Unmassen — im Lustspiel hauptsächlich, worin wir es seit Kotzebue auch nicht sehr weit gebracht haben — kommen aus dem Ausland herübergeflogen, zurechtgestutzt, plumper oder feiner, je nachdem die Hände sind, durch die sie gehen, und überschwemmen das Blumenbeet der

Bühne, so daß sie nahezu eine fremde Domäne geworden. — Ach, dieses nachgerade Unerträgliche: „Aus dem Französischen!" Welch' eklatantes Armuthszeugniß für das Deutsche!

Da es mir fern liegt, über die Zustände unserer modernen Dramatik und das, was damit zusammenhängt, wie: ihre Verwendung für die theatralische Darstellung, eine Abhandlung zu schreiben, breche ich um so lieber und eiliger ab, da ich, ohne mich ungerecht und undankbar gegen das Dargebotene zu wissen, s e h r vieles des Erfreuenden nicht zu registriren haben würde.

Ich wende mich wieder zu G o e t h e und zu s e i n e m Repertoir. Es wird einem dabei denn doch leichter und wohler um's Herz.

Das, was ich da finde, bestärkt mich immer mehr in der Gewißheit, daß Goethe, wie jede selbstständige, in jedem Augenblick sich ihrer selbst und ihres Wollens bewußte Natur, allem Schwanken, Irrlichteliren und vagem Experimentiren fern stand, ja es in innerster Seele haßte; daß er nicht den jedesmaligen Ton des Tages anschlug, nicht dem verderbten Zeitgeschmack nachgab, nicht unaufhörlich und in fiebrischer Erregtheit nach Neuem haschte, um — es verwöhnend — die lüsterne Unersättlichkeit des Publikums zu befriedigen und den zweideutigen, wohlfeilen Ruhm an sich zu reißen, immer auf dem Laufenden zu sein. Es war Ste= tigkeit, Festigkeit und Entschiedenheit, es war M e = t h o d e in seinem Wollen und Streben; ein über= dachter Plan lag seiner Richtung zum Grunde. Alles, was nur für den Moment Zugkraft besaß, was nur blendete, ohne zu erleuchten und zu er= wärmen, was eine bloße tendenziöse, lokale Fär= bung hatte, sowie endlich alle prädominirende Spekulation auf den Vortheil der Kasse, war ihm ein Gräuel. Er betrachtete das Theater als „eine Lehranstalt zur Kunst." Selbst indem er Voltaire's Mahomet für die deutsche Bühne bearbeitete, und damit Schiller's, wenn auch noch so zart und sinnig in einem seiner schönsten Gedichte ausge= sprochenen Tadel auf sich lud (der, wiewohl nicht ganz mit seinem Willen, später in dasselbe Fahr= wasser gerieth), leitete ihn eine höhere Absicht: „die Bildung der Schauspieler," wie er selbst er= klärt. „Sie mußten sich aus ihrem Naturalisiren in eine gewisse Beschränktheit zurückziehen, deren Manierirtes aber sich gar leicht in ein Natürliches verwandeln ließ. Wir gewannen eine Vorbereitung in jedem Sinn zu den schwierigeren, reicheren Stücken, welche bald darauf erschienen." Auch das Geringere, was er auf die Bühne brachte, mußte, nach seinem Ausdruck, „etwas sein," einen gewissen Kern, eine Berechtigung haben, sich sehen zu lassen. So sagt er über das im Jahr 1795, freilich mit wenig Glück aufgeführte Stück von Meyer: der Sturm vom Bocksberg: „Indessen hatte man doch ein solches merkwürdiges Stück gesehen, und sein Dasein, wo nicht beurtheilt, doch empfunden."

Aus dem Jahre 1797 referirt er: „Einen großen und einzigen Vortheil brachte der Unternehmung, daß die vorzüglichsten Werke Iffland's und Kotzebue's schon vom Theater gewirkt und sich auf neuen, in Deutschland noch nicht betretenen Wegen Beifall erworben hatten. Beide Autoren waren noch in ihrem Vigor; ersterer als Schauspieler stand in der Epoche höchster Kunstausbildung." Bezeichnend fügt er an: „Auch gereichte zu unserem größten Vortheil, daß wir nur vor einem kleinen, genugsam gebildeten Publikum zu spielen hatten, dessen Geschmack wir befriedigen und uns doch dabei unabhängig erhalten konnten; ja, wir durften manches versuchen, uns selbst und unsere Zuschauer in einem höheren Sinne auszubilden. Hier kam uns nun Schiller vorzüglich zu Hilfe; er stand im Begriff, sich zu beschränken, dem Rohen, Uebertriebenen, Gigantischen zu entsagen; schon gelang ihm das wahrhaft Große und dessen natürlicher Ausdruck. Wir verlebten keinen Tag in der Nähe, ohne uns mündlich, keine Woche in der Nachbarschaft, ohne uns schriftlich zu unterhalten."

Mit Schiller's Beitritt zur Arbeit der Herstellung eines gediegenen Repertoirs, begann erst eigentlich die klassische Epoche desselben. — Hatten sich ja doch beide große Männer in der, zum großen Schaden der Sache nicht zur Ausführung gekommenen Idee vereinigt, „ein Repertorium unseres deutschen Theaters nach und nach zu bilden," weshalb Goethe sich an Göz von Berlichingen versuchte, ohne dem Zweck genug thun zu können," wie er selbst gesteht.

Wenn Goethe Konzessionen gemacht hat, so kann das etwa von der Protektion gelten, die er den Kotzebue'schen größeren Schauspielen hat angedeihen lassen, die damals allerdings neu waren, bei denen es uns aber jetzt, so warm sie sich

anſtellen, froſtig und kalt überläuft. So Johanna
von Montfaucon, Bayard, Rudolph von Habs=
burg, des Haſſes und der Liebe Rache, die Cor=
ſen, Graf von Burgund, Graf Benjowsky, die
Huſſiten vor Naumburg u. a. m. Den „Schutz=
geiſt" deſſelben Verfaſſers redigirte Goethe ſogar
eigens für das Weimariſche Theater. Dagegen
dürfen ſeine größeren und kleineren bürgerlichen
Schauſpiele, wie: die Verſöhnung, das Schreib=
pult und der arme Poet, ihre eigenthümliche
Geltung noch immer anſprechen. Mit viel
größerem Recht hielt Goethe die Luſtſpiele
Kotzebue's in Ehren, wenn ſie auch, ſelbſtverſtänd=
lich, nicht alle gleichen Werth hatten und haben.
War er doch faſt der Einzige, der, dem Ausland
gegenüber, uns auch einige Anſprüche auf das
Beſitzesrecht eines Komödiendichters verſchaffte.
Was die Gegenwart uns im Luſtſpiel bietet —
ich, meines Theils, kann es, gegen den von allzu
weit getriebenem literäriſch=äſthetiſchen Zelotismus
bitter verfolgten und geächteten Kotzebue gehal=
ten (deſſen mannigfache ſchriftſtelleriſche Sünden
nicht abzuleugnen ſind), nicht allzu hoch anſchlagen.
Aus allen Nähten ſehe ich den alten, ignorirten,
als neu, nur dürftiglich aufgeputzten und zurecht
gemachten Kotzebue hervorſchauen, ungeachtet ſo

Manche, die von seinem Brode zehren, ihn mit
Füßen treten.

Aber auch den guten, an sich sehr ehrenwer=
then Iffland scheint Goethe mir doch über Ge=
bühr in Schutz genommen zu haben, obschon er
seine Schauspiele sehr richtig beurtheilt, wenn er
zwei Hauptfehler an ihnen heraushebt*): erstens
den, daß alle moralische Besserung von außen
herein, nicht von innen heraus bewirkt wird, und
zweitens: daß er überall Natur und Kultur in
einen falschen Kontrast setzt, indem Kultur ihm
immer die Quelle aller moralischen Verdorben=
heit ist. — Weit stärker noch spricht sich Schiller
über die Iffland'schen Theaterstücke aus, von
denen die große Mehrzahl mit ihrer breiten, oft
an den Haaren herbeigezogenen Moral und ihrer
matten, geistlosen Sprache, mit ihrer ganzen ein=
schläfernden Handlung heutzutage rein uner=
träglich ist. Er sagt mit Rücksicht auf sie: „Das
lange Angaffen eines Alltagsgesichts muß endlich
ermüden."**) Wie konnten und können diese
Theaterstücke mit ihren „rührenden Trivialitäten",
wie Tieck sie bezeichnet, dem Schauspieler Bildungs=

---

*) Böttiger, „Literarische Zustände und Zeitgenossen,"
I. S. 97 f.

**) Briefwechsel mit Goethe, 4. Bd. S. 289.

Stoff und der Schauspielkunst Erweiterung ihres Gebiets und wahre Veredelung und Verfeinerung zuführen? Kann Kotzebue von dem Vorwurf nicht ganz freigesprochen werden, durch seine wohl immer scenen=, nicht aber durchgehends lebengerechten Dramen= und Lustspielcharaktere und durch so manche leichtfertige, laxe Zugeständnisse, die er dem Geschmack der Menge machte, viel verlottertes Wesen in unser Bühnenthum gebracht zu haben: so ist Iffland von der Schuld nicht zu reinigen, unsere Bühnenzustände rein entgeistet, verflacht, entnervt und verseichtet zu haben, und in welchen Sumpf würden sie durch ihn noch gerathen sein, wenn nicht höhere Hilfe erschienen wäre! — Man muß Wieland beipflichten, wenn er darüber sich also ausdrückt (bei Böttiger a. a. O., I. S. 146): „Die alten Schauspieler arbeiteten nie auf Illusion. Sie waren τεχνικαί. Ihr Spiel sollte idealisirtes Kunstwerk sein. Unsere neue Schauspielkunst jagt dem leeren Phantom nach, sich mit der vorgestellten Person selbst zu identificiren; daher die höchst natürlichen Karikaturen der Iffland'= schen Schlafrockstücke, wo man vor lauter Nachahmung der lieben einfältigen Natur unaussprechlich platt und fade wird und endlich ganz vergißt, daß dramatische Darstellung **Kunstideal** und Spiel dieser Stücke **Kunstwerk** ist."

Nähern wir uns dem Goethe'schen **Repertoir** auch nur auf einen Schritt, so wird sich uns die Wahrnehmung aufbrängen, daß er Kerntruppen und schweres Geschütz, aber auch leichtere Mannschaften, zu Zeiten selbst Tirailleurs, alles aber am rechten Ort, im rechten Tempo und in gehörigen Distanzen in's Feld rücken und manövriren ließ. Man sah dieselben gedienten und bewährten Leute immer wieder, immer aber in günstiger Umgebung, jederzeit in blühender, kräftiger, in geübter und neubelebter und darum fortwährend anziehender Gestalt, und — was die Hauptsache war — es rundete sich in seinem Repertoir Alles wie von selbst ab. Wie er, und wie Er seine auf die Bühne gebrachten Stücke „halten", sie in **oftmaligen** Wiederholungen, die uns heute wie eine Unmöglichkeit vorkommen, geben lassen konnte: dieses Kunststück wird ihm jetzt überall schwer nachzumachen sein, so leicht sich's auch für den ersten Anblick ausnimmt. — Sein praktischer Blick, sein Takt und seine gesammelten Erfahrungen sagten es ihm, was er uns noch sagt, und wonach er verfuhr: „Ist einmal ein gutes Stück oder eine gute Oper einstudirt, so soll man sie so lange hinter einander geben, als sie irgend zieht und irgend das Haus füllt. Dasselbe gilt von einem guten älteren Stück oder einer guten älteren Oper."

Es thut's — das kann man ohngefähr von ihm lernen — es thut's nicht, einzelne periodische und sporadische Ansätze und Anläufe zu nehmen, nicht ein meteorartiges Aufflackern: das systematische, von einem Princip geleitete, konsequent=ernste Verfahren thut's allein. „Hier hilft das Tappen nicht!" Es thut's zuerst freilich ein angeborenes Direktorialtalent, ein wirkliches, und dann ein solches, das nicht dem recitirenden Schauspiel, nicht der Oper allein mit parteiischer oder launenhafter Vorliebe, sondern, wo sie zu Recht bestehen, beiden gleichberechtigten Kunstzweigen ungetheilte Pflege bietet; es thut's das feurige Interesse an der Sache, das allem Dilettantismus fremd und feind ist; es thut's das mit Liebe in die Tiefen der Kunst Hinabsteigen, um zu erfahren und zu wissen, wo ihre Goldadern liegen, damit sie aus dem Grunde des Schachtes herausgearbeitet und zu Nutz und From=

men der Kunstwelt und der Kunstfreunde gemünzt und in Kurs gesetzt werden. — Der Geist ist's, der über den Wassern schweben muß, sollen sie nicht austretend überfluthen und Alles — ver= wässern.

———

Eine kurze Uebersicht dessen, was Goethe in seinem Repertoir gegeben hat, gewähren seine summarischen Aufzeichnungen in den „Tag= und Jahresheften." — Ich bin vom Schicksal nicht so begünstigt gewesen, dieser chronologischen Aneinan= derreihung vom Anfang an autoptisch haben fol= gen zu können. Das Beste daraus habe ich aber mit eigenen Augen gesehen und mit eigenen Ohren gehört, und schwelge heute noch im Geist in freudiger Rückerinnerung daran.

Wer wollte verkennen — und jeder ächte Kunst= freund, der in jene von ihm miterlebte Vergan= genheit zurückblickt, wird mir beistimmen — daß die ganz einzige Harmonie des Weimarischen Bühnenspiels von Einst, die in allen Branchen und Fächern mit erlesenen, richtig verwende= ten Kräften besetzten Hauptrollen ein ganz Wesentliches dazu beitrugen, daß so viele

Stücke, die man mit Aussicht auf glückliches Gelingen und Erfolg gar nicht mehr würde geben, oder vielmehr nicht zufrieden stellend würde besetzen können, in so unglaublich vielen Repetitionen Jahr aus Jahr ein zum Vorschein kamen, und jedesmal froh begrüßt, wie eine Neuigkeit, mit äußerster Spannung aufgenommen wurden. Das war der kraftvolle Beistand, daran hatte Goethe sein starkes Repertoir=Hilfscorps; und dieses hatte er sich selbst herangebildet: seine Schauspieler.

Unter den vielen dieser immer und immer erneueten und gewünschten Wiederholungen beliebter Bühnensachen führe ich nur an und erinnere an die Opern und Operetten: Je toller je besser, die Schweizerfamilie, die Müllerin, heimliche Heirath, Wasserträger, Entführung aus dem Serail, Titus, Zauberflöte, Don Juan, Kaiser Hadrian, Schatzgräber, Geheimniß, Fanchon, Adrian von Ostade; — an die Lustspiele: die Mitschuldigen, Schachmaschine, Diener zweier Herren, deutsche Kleinstädter, verbannte Amor, Intermezzo, Wirrwarr, Wildfang, Er mischt sich in Alles, Irrthum auf allen Ecken, Porträt der Mutter 2c. 2c., — des Drama ganz zu geschweigen. Man wurde, wie gesagt, nicht müde, diese

Vorstellungen zu sehen, und jede neue Vorführung brachte neuen Reiz, neue Anregung, neue Lust und neues Verlangen, sie bald wieder zu sehen, und brachte immer höhere Vollkommenheit der Darstellung, und mit dieser Vollkommenheit wuchs die Kraft der Darsteller, die Freude und der Genuß des Publikums und die **Fortbildung** beider.

Halten wir eine kurze Ueberschau des Repertoirs der letzten acht Jahre und einiger früheren der Goethe'schen Theaterleitung (denn weiter zurückzugreifen würde, so anziehend es sein müßte, uns zu weit führen), so begegnen wir:

In der Tragödie und im Schauspiel hauptsächlich folgenden vorgeführten Werken:

Götz von Berlichingen, Iphigenia, Stella, natürliche Tochter, Clavigo, Egmont, Mahomet (nach Voltaire), Tankred (nach demselben), Tasso, die Geschwister, Don Carlos, Wallenstein, Maria Stuart, Jungfrau von Orleans, Wilhelm Tell, Phädra (nach Racine), Braut von Messina, standhafte Prinz, Leben ein Traum, Zenobia, Romeo und Julia, Lear, Julius Cäsar, Othello, König Johann, Macbeth, Hamlet, Emilia Galotti, Nathan, Regulus (von Collin), Cid, Rodogüne (nach Corneille), Saul (nach Alfieri), Mithribates (nach Racine), die Fremde aus Andros (nach Terenz), Wanda, vierundzwanzigste Februar, die Schuld, Essex, Hedwig, Zriny, Toni, Rosamunde, Menschenhaß und Reue, deutsche Hausfrau, Stricknadeln, Taubstumme, Unvermählte, Versöhnung, arme Poet, silberne Hochzeit (außer den übrigen oben genannten Kotzebue'schen Schauspielen), die Jäger, der Spieler, Herbsttag, Hagestolzen, Selbstbeherrschung, die Advokaten, die Aussteuer, Dienstpflicht, Reue und Ersatz, Trauring, Lorenz Stark, Wald bei Hermannstadt, Johann von Finnland, Adelheid von Burgau, Clementine, Pflicht um Pflicht, Heinrich von Hohenstaufen ꝛc.

Im Lustspiel: Minna von Barnhelm, Zwillingsbrüder, Lästerschule, Ring, die Eifersüchtigen, unglückliche Ehe aus Delikatesse, stille Wasser sind tief, Strich durch die Rechnung, Maske für Maske, die Entführung, Scheinverdienst, Hausfriede, Reise nach der Stadt, Laune des Verliebten, Wallenstein's Lager, Turandot, Parasit, Neffe als Onkel, die Brüder, die Mohrin, der Selbstpeiniger (nach Terenz), die Gefangene (nach Plautus), die Entdeckung, die Drillinge, die Quälgeister, das Kamäleon, Hausdoktor, der Amerikaner, Offene Fehde, Vetter aus Bremen, grüne Domino, die Braut, der Nachtwächter, der Verräther,

Dichter und Schauspieler, der schwarze Mann, Haß den Frauen, das Räuschchen, die beiden Neffen, das Geständniß, der Puls, die drei Gefangenen, der Vermittler, beschämte Eifersucht, Radikalkur, welcher ist der Bräutigam, erste Liebe, die Ehescheuen, der Rehbock, Pagenstreiche, das Epigramm, die beiden Klingsberge, die Verwandtschaften, Citherschläger, kleine Zigeunerin, — nebst den anderen vorbezeichneten Kotzebue'schen und anderen Lustspielen, wozu die besseren kleineren des ersteren Verfassers kamen, die eben so häufig gegeben wurden; ferner: Trau, schau, wem, unterbrochene Whistpartie, Es ist die Rechte nicht, das war ich, Scherz und Ernst 2c.

Oper, Operette, Singspiel: Iphigenia in Tauris von Gluck, Figaro's Hochzeit, So sind sie alle (und die vorerwähnten Mozart'schen Opern), Lilla von Martini, Tarare, Palmira von Salieri, Blaubart, Richard Löwenherz von Gretry, Lodoiska, Faniska von Cherubini, Soliman der Zweite von Süßmayer, Theatralische Abenteuer von Cimarosa und Mozart, Bergsturz bei Golbau, die Uniform, Franziska von Foix von Weigl, die Teufelsmühle, musikalische Tischlerfamilie, Schwestern von Prag von Wenzel Müller, Joseph in Egypten, die zwei Blinden von Toledo von Mehul, Camilla, lustige Schuster, Wegelagerer, Achilles, Agnese, Griselda von Paer, Vestalin von Spontini, Tante Aurore, Johann von Paris von Boyeldieu, Fidelio von Beethoven, Oberon von Wranitzky, unterbrochenes Opferfest, der reisende Student von Winter, Hieronymus Knicker, das rothe Käppchen von Dittersdorf, Barbier von Sevilla, König Theodor zu Venedig von Paesiello, die Sängerinnen auf dem Lande von Fioravanti, Pygmalion von Benda, Dorfbarbier von Schenk, der Deserteur von Monsigny, Silvana von K. M. von Weber, die Saalnixe von Kauer, Tyroler Wastel von Haibel, der Polterabend von A. E. Müller, Zwei Worte, Adolph und Klara, die Savoyarden von d'Alayrac, das Lotterieloos von Jsouard, Jery und Bätely von Reichard, der Gefangene von Della Maria, Rochus Pumpernickel, (musikal. Quodlibet von Stegmeyer), das Liebhaberkoncert, Proserpina von K. Eberwein, Epimenides' Erwachen von Anselm Weber, Athalia von Poissl ꝛc.

Das hier Fehlende findet man in den Goethe'schen Angaben in seinen „Tag= und Jahresheften."

Um einen Beleg für die allseitig treffliche, ausgesuchte Besetzung der Rollen zu geben, führe ich in Nachstehendem die Personen von nur einigen Stücken und Opern auf:

Iphigenia (von Goethe): die Wolff (Titelrolle); Graff — Thoas; Oels — Orest; Wolff — Pylades; Deny — Arkas.

Tasso: Wolff (Titelrolle); die Jagemann — die Prinzessin; die Wolff — Leonore Sanvitale; Haide — Antonio; Oels — Alphons.

Egmont: Oels — (Titelrolle); Haide — Oranien; Graff — Alba; Wolff — Brackenburg; Unzelmann — Vansen; Genast — Buyk; Dürand — Ferdinand; Lortzing — Jetter; Malkolmi — Zimmermeister; die Wolff — Klärchen; die Beck — deren Mutter.

Maria Stuart: die Jagemann (Titelrolle); die Wolff — Elisabeth; Wolff — Leicester; Oels — Mortimer; Haide — Burleigh; Graff — Shrewsbury; Genast — Amias Paulet.

Der standhafte Prinz: Alfonso — Unzelmann; Don Fernando — Wolff; Don Enrique — Lortzing; Don Juan Coutinho — Deny; König von Fez — Graff; Muley — Oels; Prinzessin Phönix — die Wolff.

Minna von Barnhelm: Tellheim —

Haide; Minna — die Wolff; Graf von Bruchsal — Graff; Franziska — die Lortzing; Just — Unzelmann; Paul Werner — Malkolmi; der Wirth — Genast; Riccaut — Oels.

Die Mitschuldigen: der Wirth — Lortzing (früher Becker); Sophie — die Lortzing; Söller — Deny; Alcest — Wolff.

Die Entdeckung (von Steigentesch): Petersen — Malkolmi; Louise, seine Tochter — die Lortzing; Haushälterin — die Beck; Drost — Wolf; Eduard Welton — Deny.

Der verbannte Amor: Professor Erlenhof — Wolff; seine Frau — die Jagemann; Michel — Lortzing; Doctor Erlenhof — Oels; seine Frau — die Wolff; Student Müller — Düranb; Gustchen — Louise Beck.

Die Zauberflöte: Sarastro — Stromeier; Tamino — Moltke; Pamina — die Jagemann (nach ihr: die Eberwein); Papageno — Unzelmann; Königin der Nacht — die Unzelmann.

Der Wasserträger: Armand — Moltke; Constanze — die Eberwein; Mikeli — Stromeier; Anton — Unzelmann; Daniel — Genast; Marzelline — die Unzelmann; Hauptmann — Düranb.

Die Müllerin: Baronin Eugenie — die Engels; Hannibal v. Felsenherz — Moltke; Röschen — die Jagemann; Notar Pistofolus — Stromeier; Amtmann Knoll — Deny.

Doch — ich würde noch Seiten füllen müssen, wollte ich ein auch nur kleines fortgesetztes Verzeichniß solcher und ähnlich ausgezeichneter Produktionen liefern. —

Man höre auch Goethe selbst, wenn er z. B. über die Aufführung des Werner'schen Vierundzwanzigsten Februar (aus dem Jahre 1810), die am Tage des Stückes selbst stattfand, in den Tag- und Jahresheften sagt: „Sie war vollends ein **Triumph vollkommener Darstellung Das Schreckliche des Stoffes verschwand vor der Reinheit und Sicherheit der Ausführung. Dem aufmerksamen Kenner blieb nichts zu wünschen übrig.**" Den Kunz Kuruth gab Haibe, seine Frau die Engels, den Fremden (ihren Sohn) Wolff.

Der „Tasso", dessen Besetzung ich mitgedachte, erinnert lebhaft und von selbst an jenes in seiner Art vielleicht einzige Künstlerkuriosum, dem dieses Schauspiel seine Darstellung auf dem Weimarischen Theater zunächst verdankt. Goethe erzählt es uns selbst (a. a. O.). Die älteren Weimarischen Schauspieler unternahmen es manchmal, ein Stück einzulernen, „das zur Aufführung nicht eben gleich geeignet schien." So hatten sie, seine „lieben Zöglinge", wie er sie so väterlich nennt, es auch mit „Tasso" gethan, hatten ihn auch wohl in ihres Meisters Gegenwart gelesen, ohne daß er jedoch „aus verzeihlichem Unglauben und daran geknüpftem Eigensinn die Vorstellung hätte ansagen oder entscheiden wollen." Er gab endlich nach, und zu seiner großen Freude erfuhr er, daß „der Beifall, den das Stück genoß, vollkommen der Reife gleich war, die es durch ein liebevolles, anhaltendes Studium gewonnen hatte." — „Und ich ließ mich gern beschämen," — so schließt er seinen kurzen Bericht darüber — „indem sie dasjenige als möglich zeigten, was ich hartnäckig als unmöglich abgewiesen hatte."

10.
Das Theaterpublikum eine Familie. — Kunstrichteramt desselben.

> Wir sitzen so fröhlich beisammen,
> Und haben einander so lieb.
> Kotzebue.

> Das Weimarische Publikum hatte zu unserer Leitung Vertrauen und war immer überzeugt, daß unserm Thun und Lassen eine höhere Absicht zu Grunde liege.
> Goethe.

Vom Theaterpublikum meiner Vaterstadt läßt sich füglich behaupten, daß es einer in traulichsten Verhältnissen lebenden Familie glich. War doch auch die Stadt nicht zu groß und ausgedehnt (nach Jean Paul ist ja eine kleine Stadt „ein großes Haus, die Gassen sind nur Treppen"), als daß eine intimere Annäherung des Auditoriums unüberwindliche Schwierigkeiten dargeboten hätte;

und da aus sehr erklärlichen Gründen feststehende Abonnements an der Tagesordnung waren, so fanden sich Bekannte und Freunde im Schauspielhause leicht und Jahr aus Jahr ein dreimal in der Woche zusammen. Die verhältnißmäßig kleinen, aber höchst comfortabel und lauschig eingerichteten Räume, welche die Theaterbesucher aufnahmen, erleichterten überdies die Zusammenkunft der Einzelnen mit einander und die Anknüpfung von Bekanntschaften ungemein, oder trugen, wo diese schon im Gange waren, Vieles dazu bei, sie weiter zu spinnen und fester zu schlingen. Vermöge des bequemen inneren Arrangements des Hauses war zudem die Möglichkeit gegeben, daß Diejenigen, welche gern enger beisammensaßen, ohne von besonderen Hindernissen und lästigen Umständlichkeiten gehemmt zu werden, oder auffallende Störungen zu verursachen, zu einander gelangen konnten, während andere Abtheilungen ihre Abonnementsplätze verabredetermaßen, und wenn sich's eben thun ließ, im nahen Umkreise sich gewählt hatten. Ebenso luden die Vorräume, in die sich während der Theaterpausen doch immer ein Theil der Zuschauerschaft begab, um frische Luft zu schöpfen, nicht minder das Büffet, um Erfrischungen einzunehmen, von selbst zum Aus-

tausch von Ansichten, Meinungen 2c. über das
Stück und die Schauspieler ein und gaben un-
gesuchte Veranlassung, sich auszusprechen.

Allerdings trieb diese, gleichsam mit und in
einander verwachsene Familie ihre entente cordiale
nicht bis zu der Höhe, daß Väter und Söhne,
Onkles und Neffen, Freunde, Bekannte und Ge-
vattersleute vor oder neben sich mit labendem
Gerstensaft gefüllte Gläser stehen hatten, Mütter
und Töchter, Tanten und Nichten, Jugendfreun-
dinnen und Pensionärinnen mit Ihresgleichen den
Strickstrumpf traktirten und nebenbei mit den
Männern durch einen herzhaften Trunk aus dem
Bierkrug, den diese ihnen zuvorkommend darge-
reicht, sich zur Arbeit gestärkt hätten, und dies
nicht allein vor Beginn der Aufführung und wenn
der Vorhang nach dem Aktschluß heruntergelas-
sen worden war, sondern sogar während auf
der Bühne Alles seinen regelrechten Fortgang
nahm, — wie ich das im Hoftheater einer gewissen
kleinen fürstlichen Residenz zu sehen und zu
beobachten Gelegenheit hatte, wo voran der
Vater des Landes, tonangebend, inmitten seiner um ihn herum sitzenden oder stehenden Ka-
valiere, im Parket, in nächster Nähe der
Bühne, zu einem Glas Bier, das ihm der dienst-

thuende Lakei aus wahrhaften Riesenflaschen reichen mußte, benebst seinen Hofschranzen in aller Gemüthlichkeit aus dickleibigem Meerschaumkopf Tabak schmauchte, dessen emporsteigende Dampfwolken nach aufgezogener Gardine den eben beschäftigten Schauspielern sich kosend an Brust und Wangen legten und so, ihrer oberen Partie nach sie auf mehrere Minuten unsichtbar machend, sie sanft umschlungen hielten. Oben auf der Gallerie hatten sie sich's dort — es war ein warmer Sommertag und schwüler, aber sehr lustiger Theaterabend, denn man gab die „Sieben Mädchen in Uniform" — ebenfalls unendlich bequem gemacht. Das männliche Personal hatte sich in vielen Exemplaren seiner Röcke entledigt und saß oder stand in Hembärmeln behaglichst da, lebte und ließ leben.

So weit also ging man in Weimar nicht; Anstand, Sitte, das Dekorum wurde da auf das Beste gewahrt. Einzelne häuslich gesinnte Frauen habe ich auch hier wohl, jedoch nur vor Beginn des Stückes, um sich die Langeweile zu vertreiben und nicht ganz müßig dazusitzen, so lange das Haus noch nicht vollständig erleuchtet war, den Strickstrumpf handhaben erblickt, und daß manche Hungrige und Durstige der Gesellschaft sich im Zwischenakt von dem währenddeß seine Waare offerirenden Konditorgarçon einiges Konfekt, ein Glas Punsch oder Limonade reichen ließen, konnte eben so wenig auffallen und unter die Unanständigkeiten gerechnet werden.

Dieses in so freundliche Beziehungen gesetzte, an einander gewöhnte, auserlesene Publikum bildete aber auch, je länger, je mehr, eine in höherem Sinne traute, festverbundene, und zwar eine vom Geist der Kunst und des wachsenden Kunstverständnisses durchwehete Familie. Das konnte gar nicht anders sein; lagen ja doch alle Elemente vor, um es zu einer solchen zu machen; trat doch bei ihm das gerade Gegentheil von dem ein, was Goethe den Theaterdirektor im Vorspiel zu „Faust" über die Menge aussagen läßt, die dieser vorfand, daß sie „an das Beste nicht gewöhnt" sei. Wo gab es in ganz Deutschland Besseres oder nur Aehnliches an geistiger Speise, als sie den Weimarischen Theaterbesuchern gereicht wurde, und wie wäre eine civilisirte Genossenschaft zu denken, die nicht die bildenden und veredelnden Ausströmungen der sie umgebenden Kunstatmosphäre an sich hätte spüren und wahrnehmen sollen? Das Theater zog sich sein Publikum heran und hielt es fest „mit allen seinen Stärken." —

Und der Geist, der das zu Stande brachte,

der sein ästhetisch-kritisches Erziehergeschäft auf die Kreise des Publikums mit dem unverkennbarsten Erfolge ausübte, war kein anderer, als G o e t h e s e l b st.

Kritelnde Hyperkritiker der Goethezeit haben es ein „angemaßtes" zu nennen beliebt. — Mögen sie doch! „Wenn man's nur nicht ein bischen tiefer wüßte!" Wir, die wir jener Zeit näher standen, dürfen uns wohl deß rühmen; und selbst wenn von „Anmaßung" mit einigem Scheine des Rechts die Rede sein könnte — Goethe wußte, w a r u m er so handeln mußte, wie er gehandelt hat. Niemand mehr aber auch erschien befugter, die Fahne des Kunstrichterthums aufzupflanzen, als er, und wenn, wie eben angedeutet, man in dieser Beziehung oft seine „souveränen Eingriffe," seine „diktatorische Eigenmächtigkeit" und wie diese Phrasen alle lauten, bemäkelnd und anklagend hervorzuheben eifrig bedacht gewesen ist, so muß man dies Verfahren auf Rechnung nicht sehr umfassender Anschauung der Dinge schreiben.

Uns Allen ist recht gut bekannt, daß er, der die Würde eines H o f t h e a t e r s zu wahren hatte und wahrte, allzulauten und ungeziemenden Aeußerungen des Mißfallens bei diesem und jenem Theaterstück entschieden entgegentrat, daß er spe=

ciell bei der Aufführung des Friedrich v. Schle=
gel'schen Alarkos dem auffälligen Gelächter eines
Theiles der Anwesenden mit einem: „Man lache
nicht!" Stillstand gebot; es ist ferner kein Ge=
heimniß, daß Goethe der beabsichtigten Veröffent=
lichung eines hämischen Artikels über die Aufführ=
rung des Wilhelm v. Schlegel'schen Jon (b. 2. Ja=
nuar 1802) im Journal für Luxus und Moden
mit der Erklärung sich widersetzte: er werde im
Fall des Erscheinens jenes Aufsatzes (dessen An=
fang bereits abgedruckt war) die Direktion des
Theaters niederlegen. Wir sind aber auch über die
Absicht im Reinen, die ihn bei dieser Erklärung
leitete. Es mußte einmal ernstlich und unnachsich=
tig dem Altweiberklatsch und Tratsch jenes charakter=
losen, auf beiden Schultern tragenden Allerwelt=
männchens, dessen Name kein Geheimniß ist, ein
Ende gemacht werden. Dies Männchen gefiel sich
in niederen Hetzereien, beklatschte im Theater mit
abgewendeten Händen denselben Schauspieler wü=
thend, auf welchen es in eben dem Augenblick
mit seinem Nebenmann erbarmungswürdig loszog
und kein gutes Haar an ihm ließ. Dieser selbe
Böttiger läßt auch in seinen „literarischen Zu=
ständen und Zeitgenossen," I. S. 62, während der
letzten, sechsstündigen Probe von Wilhelm Tell,

Schiller und Goethe in der herzoglichen Loge „einen Toast auf ihre Meisterschaft im Champagner trinken, während sie die armen Schauspieler hungern und schmachten ließen!" Wir wissen, daß Goethe die Ausbrüche zügellosen Tumultuirens Jena'scher Musensöhne durch die mit Stentorstimme unter sie geschleuderte Drohung: durch die wachthabenden Husaren die Ruhestörer entfernen lassen zu wollen, zum Schweigen brachte; es ist uns aber auch seine Berechtigung zu solch' energischem Auftreten nicht verborgen, und sie kann es Keinem sein, der die Sache im rechten Lichte zu betrachten sich die Mühe nehmen will.

Von niemand Geringerem als von Goethe konnte das Theaterpublikum lernen (und wir Alle haben ja von ihm gelernt und lernen von ihm noch täglich!), — und besaß er nicht die hinlänglichst geistige Autorität, um sich als Lehrmeister auch in diesem Stück auszubringen? Dies sein Ansehen wurde denn auch willig anerkannt und in Ehren gehalten; ihm fügte man sich, weil man wußte, daß kein blinder Leiter den Ton angab. So gewöhnte er, indem er besonders gelungene Punkte in der Darstellung der Schauspieler, feine Wendungen in der Diktion des Stücks, tiefere Beziehungen der Situationen durch seine einfachen

Beifallszeichen hervorhob, die mitanwesenden Zuhörer zum Aufmerken auf dergleichen Schönheiten, zum genauen Beachten solcher bezugreichen Einzelheiten, so daß man nicht blos, wie das in so vielen anderen Theatern der Fall war und noch ist, die auf der Oberfläche liegenden Effektmomente=, Stellen und Phrasen auszuzeichnen, den wohlfeilen Ruhm sich zuschreiben durfte, sondern ein wenig schärfer zu sehen und in das Innere des Kunstbaues einzubringen bemüht war und — lernte, und immer mehr lernte.

Das und nichts Anderes war, mit zwei Worten, seine Absicht.

Demnach konnte es nicht fehlen, daß bald, ganz ähnlich wie in Hamburg unter Schröder ein Parterre, so in Weimar „ein auserlesener Kreis" sich bildete, der, wie Schiller im Wallenstein=Prolog rühmt,

— rührbar jedem Zauberschlag der Kunst,
Mit leisbeweglichem Gefühl den Geist
In seiner flüchtigsten Erscheinung hascht.

Denn nirgends wohl in deutschen Landen ließ sich eine Bühnenzuhörerschaft finden, die, mit der Muttermilch der Kunst in unmittelbarster Nähe gesäugt, so begierig und willig diese Nahrung in

ſich aufnahm und durch ſie von Jahr zu Jahr
erſtarkte, als die Weimariſche jener Tage. Wer
aber wollte dem Manne, der es am beſten unter
allen Lebenden verſtand, den Fühlfäden des Pu=
blikums die Richtung anzudeuten, die ſie zu neh=
men hatten, um bei Ausübung der Kritik im
Theater nicht irre zu gehen, das Verdienſt ab=
ſprechen, heilſam fördernd auch da gewirkt zu
haben!

Und ſo konnte das durch Goethe, wie auch in
gewiſſem Sinne von Schiller heraufgebildete Wei=
mariſche Theaterpublikum die Worte Goethe's, die
er Taſſo in dem Geſtändniſſe: „Von Euch nur
hab' ich, was ich bringe!" an ſeine hohen Freunde
richten läßt, nicht ohne Grund mit naheliegender
Beziehung auf ſich anwenden:

Nur wer Euch ähnlich iſt, verſteht und fühlt,
Nur der allein ſoll richten und belohnen;

und eben ſo durfte das andere, von Leonore San=
vitale zur Prinzeſſin geſprochene Wort von dem=
ſelben Publikum gelten:

Feſt bleibt dein Sinn und richtig dein Geſchmack,
Dein Urtheil grad', ſtets iſt dein Antheil groß
Am Großen, das du wie dich ſelbſt erkennſt.

Er selber aber, Goethe, zählte bei Handhabung seiner wahrhaftig nicht bevormundenden, sondern anregenden und bildenden Kritik im Schauspielhause wohl für Hunderte!

Die Schauspieler legten natürlich einen hohen Werth auf das Kunsturtheil des in solcher Schule erzogenen Publikums, und fühlten sich selbstverständlich befeuert, den ehrenden Beifall desselben durch unausgesetzten Fleiß, den sie auf ihre eigene Fortbildung verwendeten, sich zu erwerben und zu erhalten. Die jüngeren Talente mußten sich gewaltig zusammennehmen, um nicht zu auffallend im Schatten zu stehen. Wer sich gehen ließ, oder aus dem Geleise des Richtigen, Geziemenden und Bemessenen trat, konnte sicher darauf rechnen, ganz unbeachtet zu bleiben und spurlos zu verschwinden, und mochte an der Kälte, womit das Publikum ihm begegnete und ihn fallen ließ, sich den sichern Thermometer seiner Ungunst abnehmen. Um über den Standpunkt, auf den er sich somit gestellt hatte, in's Klare zu kommen, bedurfte es keiner geräuschvollen Zeichen des Mißfallens, die ohnehin theils untersagt, theils überhaupt nicht üblich waren: das beharrliche Schweigen des Zuschauerkreises, das nur in diesem Falle nicht „der Gott der Glücklichen" ist, sagte ihm genug.

Das war der Areopag, von welchem gerichtet zu werden, nicht anders als ehrenvoll sein konnte. — Wie tief die Bildung, der Sinn für das Edlere und der feinere Takt selbst in die unteren Schichten der Gesellschaft eingedrungen war, mag die von einem meiner Freunde mir mitgetheilte, von ihm persönlich erlebte, scheinbar geringfügige, gewiß aber charakteristische Thatsache bezeugen, daß, als nach Beendigung eines Theaterstücks der Regisseur als nächste Aufführung „Egmont" ankündigte, ein Dienstmädchen auf der Gallerie, fröhlich in die Hände klatschend, in die Worte ausbrach: „Ah, das ist herrlich! - Also Egmont; wie freue ich mich darauf!" — Ob in jenen höheren Regionen der deutschen Theater unserer Tage Aehnliches bei Aehnlichem noch immer vernehmbar ist, weiß ich nicht. — Die Gerichte, welche die ziemlich beliebt gewordene Berliner Lokalpossen-Küche der Jetztzeit freigebig liefert, und die nur allzu bereitwillig weithin aufgetischt werden, wie: „der Goldonkel," „Aktienbubiker," „Ließe's Memoiren" und bergl., möchten freilich weder zur Kräftigung, noch zur Verfeinerung der ästhetischen Magennerven ein Namhaftes beitragen.

Zur altweimarischen Bühne zurück mich wendend, so habe ich selber beim Herausgehen aus dem Theater oftmals aus dem Munde schlichter Bürger Ansichten und Raisonnements über das Stück und die Schauspieler mit angehört, **die** ihnen wahrhaft zur Ehre gereichten, und ein Verständniß, Einsichten, eine Gediegenheit des Urtheils an den Tag gaben, die man schwerlich überall antrifft. Und wenn die gesellige Unterhaltung an öffentlichen Orten zum guten Theil das Theater zum Gegenstand hatte, man in lebhaftem Austausch seiner Anschauungen darüber eine sehr vernünftige, besonnene Kritik übte, so darf man das sicher als eine hinlänglich beglaubigte Darlegung des gediegenen Bildungsgrades ansehen, auf welchen das Weimarische Publikum sich erhoben hatte.

Ende des ersten Bandes.

Druck von G. Pätz in Naumburg.

www.ingramcontent.com/pod-product-compliance
Lightning Source LLC
Chambersburg PA
CBHW020913230426
43666CB00008B/1434